통합적 의사소통 능력을 키우는
통통 글쓰기 2

저자 정보

기획/집필	안미애	문학박사, 파라미타칼리지 교양교육센터 의사소통교육부 조교수
집　　필	김영철	철학박사, 파라미타칼리지 교양교육센터 의사소통교육부 조교수
	이채영	문학박사, 파라미타칼리지 교양교육센터 의사소통교육부 조교수
	지현배	문학박사, 파라미타칼리지 교양교육센터 의사소통교육부 조교수

통합적 의사소통 능력을 키우는
통통 글쓰기 2

2016년 8월 25일 초판 1쇄 발행
2020년 8월 20일 초판 5쇄 발행

엮은이 동국대학교 파라미타칼리지 글쓰기교재개발위원회
펴낸이 윤성이
펴낸곳 동국대학교출판부

출판등록 제2-163(1973. 6. 28)
주　소 100-715 서울시 중구 필동로 1길 30
전　화 02) 2260-3483~4
팩　스 02) 2268-7851
Homepage http://dgpress.dongguk.edu
E-mail book@dongguk.edu
인쇄처 네오프린텍(주)

ISBN 978-89-7801-490-8　04710

값 13,000원

동국대학교 파라미타칼리지
글쓰기교재개발위원회

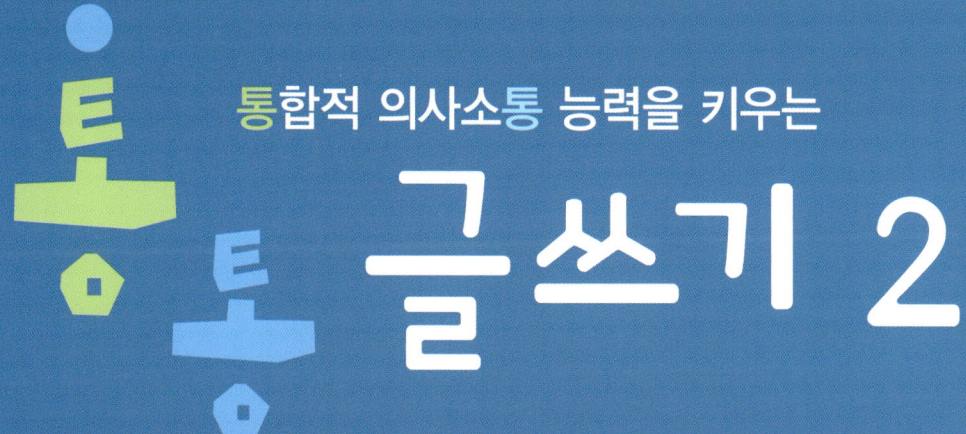

통합적 의사소통 능력을 키우는
통통 글쓰기 2

이 교재는 2016년도 학부교육 선도대학 육성사업 지원비로 간행되었습니다.

동국대학교출판부

발간사

이 책은 대학생의 통합적 의사소통 능력 개발을 위한, 학습자 주도형 글쓰기 교재의 두 번째 책입니다. '통합적 의사소통'의 첫 글자와 마지막 글자를 따서 '통통 글쓰기 2'라고 이름 붙여진 이 책은 글쓰기의 장르별 이론에 대한 이해를 바탕으로 통합적인 의사소통 능력을 키우기 위해 개발되었습니다. 이 책과 짝을 이루는 '통통 글쓰기 1'은 글쓰기의 기초 이론에 대한 이해를 바탕으로 통합적인 의사소통 능력을 키우기 위해 개발된 책입니다.

이를 위해 이 책은 의사소통의 여러 기법들 중에서도 '설명'과 '설득'을 선택하였습니다. '설명'과 '설득'은 다양한 의사소통 상황에서 가장 자주 사용되는, 대표적인 의사소통의 기법이기 때문입니다. 그래서 이 책은 '설명'과 '설득'이라는 대 분류 하에, 글쓰기의 장르적 특성을 습득하고, 이를 다시 발표와 토론이라는 통합적 의사소통 능력으로 전이할 수 있도록 구성하였습니다.

다음으로 이 책은 학습자 주도의 자기표현 능력이 발휘될 수 있는, 활동 중심의 글쓰기 교재, 창의적·통합적 의사소통 능력을 강화할 수 있는 글쓰기 교재, '듣기, 읽기(Input)'와 '말하기, 쓰기(Output)'의 통합적 의사소통 능력 개발을 위한 글쓰기 교재라는 세 가지 목표를 성취하기 위해 개발되었습니다. 이 세 목표는 대학 글쓰기 교육이 나아가야 할, 가장 중요한 방향이며 이 시대가 요구하는 인재 육성에도 부합하는 방향입니다.

이러한 목표를 성취하기 위해 이 책은 활동과 분석, 적용과 활용, 응용의 다섯 가지 학습 단계로 구성되었습니다. 먼저 활동과 분석은 학습자가 주도하는 활동과 이를 바탕으로 한 분석 활동을 통해 글쓰기의 장르별 이론과 특성을 확인하는 단계입니다. 다음으로 적용과 활용은 학습자들이 도출하고, 확인한 글쓰기의 장르별 이론과 특성을 다양한 주제와 글의 유형에 적용하고 활용하는 단계입니다. 마지막으로 응용은 글의 장르적 이론과 특성을 통합적 의사소통 활동으로 전이하는 단계입니다.

또한 이 책은 모둠과 개별이라는 다양한 수업 환경을 고려하여 구성되었습니다. 활동과 분석 장에 제시된 「함께 찾기」 활동과 「생각 풀기」 활동이 그것입니다. 「함께 찾기」 활동은 여러 사람이 머리를 모아 해결할 수 있는 활동이며, 「생각 풀기」는 학습자가 혼자 고민해 해결할 수 있는 주제로 제시된 활동입니다. 이 외에 적용과 활용, 응용 장에서 제시된 활동들은 모둠과 개별 활동 모두에 적합한 활동들입니다. 그리고 이 활동들은 '과제 1, 과제 2'와 같이 학습자들이 단계별로 사고를 전개하여 학습 효과를 점진적으로 성취할 수 있도록 설계되었습니다.

글쓰기는 문자를 가진 민족만 누릴 수 있는, 최고의 의사소통 방법입니다. 이러한 글쓰기는 언어 공동체마다 합의된 양식과 특징을 가지고 있습니다. 이렇게 글쓰기에서 합의된 양식과 특징은 글쓰기 외의 의사소통 활동에서도 통용됩니다. 이 책은 대학생들이 좀 더 능동적이고 주도적으로, 우리의 언어 공동체에서 합의된 글쓰기의 양식과 특징에 대한 이해를 통해 심화된 의사소통 능력을 성취할 수 있도록 설계된 책입니다. 이 책을 통해 대학생들이 '글쓰기'라는 최고의 의사소통 방법을 익히고, 이를 발판 삼아 자신의 생각과 지식을 더 창의적인 방법으로 세상에 표현할 수 있게 되기를 기대합니다.

2016년 8월
집필진 일동

1부 설명과 발표

- **1. 활동과 분석**
  - 1.1. 설명의 형식 찾기 ········· 15
  - 1.2. 설명의 방법 찾기 ········· 23
- **2. 적용과 활용**
  - 2.1. 적용하기 ········· 38
  - 2.2. 활용하기 ········· 53
- **3. 응용**
  - 3.1. 발표문의 특징과 형식 찾기 ········· 73
  - 3.2. 발표문 작성하기 ········· 76
  - 3.3. 발표와 평가하기 ········· 90
  - 3.4. 즉흥 말하기 ········· 94

2부 설득과 토론

- **1. 활동과 분석**
  - 1.1. 설득의 형식 찾기 ········· 106
  - 1.2. 논증의 구조 찾기 ········· 115
  - 1.3. 논증의 방법 찾기 ········· 121
  - 1.4. 논증의 오류 찾기 ········· 126
  - 1.5. 논증하는 글 분석하기 ········· 133
  - 1.6. 설득하는 글의 유형 찾기 ········· 139
- **2. 적용과 활용**
  - 2.1. 적용하기 ········· 153
  - 2.2. 활용하기 ········· 179
- **3. 응용**
  - 3.1. 토론의 특징과 형식 찾기 ········· 186
  - 3.2. 토론문 작성하기 ········· 193
  - 3.3. 토론과 평가하기 ········· 202
  - 3.4. 모둠 토론하기 ········· 208
  - 3.5. 모둠 토의하기 ········· 212

부록

1. 글쓰기 윤리 서약서 ········· 221
2. 장르/ 표현 /표기 점검표 ········· 223

일러두기

1. 이 책의 표기는 국어 어문 규정을 따랐다.
2. 학생들이 쓴 글을 인용하여 자료로 제시한 경우 글을 쓴 학생의 이름을 밝히지 않고, '학생 글'이라고 표기하였다.
3. 각 장에서 인용한 글의 출처는 각 장의 마지막 부분과 참고 자료 목록에서 밝혔다.
4. 이 책의 각 장은 활동과 분석을 통한 이론의 귀납적 발견에서 출발한다. 그리고 도출한 이론의 습득을 위한 적용 단계를 거쳐 통합적 의사소통으로의 전이를 위한 다양한 장르에의 응용으로 장별 학습을 마무리한다.
5. 학습 목표를 성취하기 위한 장별 활동의 이름과 활동별 의의는 아래와 같다.

> 생각 나누기/정리하기 장 도입을 위한 모둠 토의 과제
> 함께 찾기 장르의 이론과 표현 방법을 찾을 수 있는 모둠 활동 과제
> 생각 풀기 찾아낸 형식과 방법을 내재화할 수 있는 개인 과제
> 적용하기 이론과 수행의 방법을 다양한 주제에 적용하여 표현할 수 있는 과제
> 활용하기 이론과 수행의 방법을 글쓰기의 해당 장르에 활용할 수 있는 과제
> 응용하기 이론과 수행의 방법을 다른 언어 능력(말하기, 듣기)으로 전이해 응용할 수 있는 과제

1부
설명과 발표

1. 설명의 개념과 방법을 이해하여 자신의 글에 적용할 수 있다.

2. 설명하는 글의 구조와 형식을 이해하여 자신의 글에 적용할 수 있다.

3. 음성 언어의 특징을 이해하여 설명하는 글을 발표를 위한 글로 활용할 수 있다.

4. 발표를 위한 글을 바탕으로 발표를 할 수 있다.

1부 설명과 발표

 학습 목표

1. 설명의 개념과 방법을 이해하여 자신의 글에 적용할 수 있다.
2. 설명하는 글의 구조와 형식을 이해하여 자신의 글에 적용할 수 있다.
3. 음성 언어의 특징을 이해하여 설명하는 글을 발표를 위한 글로 활용할 수 있다.
4. 발표를 위한 글을 바탕으로 발표를 할 수 있다.

 생각 나누기

✏️ 어떤 경우에 '설명'이 필요한지 이야기해 보자(일상/학교/사회).

✏️ 다른 사람에게 어떤 것에 대해 설명할 때, 상대방이 내 설명을 아주 잘 이해한 경험이 있거나 다른 사람에게 어떤 것에 대해 설명할 때 어려움을 겪은 경험이 있는지 이야기해 보자.

1) 어떤 경우였는가?

통합적 의사소통 능력을 키우는
통통 글쓰기 2

2) 어떻게 설명해서 잘 이해했는가? 어려움을 겪었다면, 어려움을 겪게 된 이유가 무엇이었는가?

🖊 아래의 글 '글쓰기의 즐거움: 생각 정리의 기술'을 읽고, 생각을 글로 정리할 때의 장점에 대해 생각해 보자.

🖊 내 생각 정리하기

　여러분은 생각에 대한 생각을 해 본 적이 있는가? 생각은 어떻게 떠오르고 어떻게 커지나 혹은 작아지는지, 아니면 그것이 현실이 되는지 말이다. 생각이 태어나는 방법이야 경험적인 것에서부터 융합적인 것, 진보적인 것 등 여러 가지 방식이 있겠지만 생각은 모두 우리의 머릿속에서 태어나고, 성장하고, 정리된다.
　그러나 아이러니하게도 내 머릿속에서 태어났음에도 불구하고 모든 생각은 '내 생각'이 아니다. 생각은 어떠한 과정을 통해 자신 안에서 명확하게 구체화되고 정리될 때 '내 생각'이 된다. 우리가 밤새 실컷 꿈을 꾸고 나서도 아침에 일어나면 까맣게 잊어버리듯, 생각 역시 자신의 것으로 만들지 못하면 금세 사라져 버리고 만다. 우리는 머릿속의 다양한 생각들을 잡아내 그것을 내 것으로 만들어야 한다. 생각을 '내 것'으로 만드는 것, 그 다양한 방법 중에 글쓰기가 있다.
　글쓰기는 생각을 정리하는 가장 좋은 방법 가운데 하나다. 머릿속에 떠돌고 있는 생각을 정리된 글로 표현해 내는 작업이다. 아마 많은 사람들이 글쓰기에 대한 부담과 거부감을 가지고 있을 것이다. 지금은 글쓰기에 능숙한 이들도 처음에는 모두들 글쓰기를 어려워했다. 하얀 종이 위에 글씨를 써 내려가야 하긴 하는데, 어떤 방식으로 어떠한 이야기를 어떻게 써 내려가야 할지 쉽게 감이 오지 않는 경험은 누구나 한 번쯤 해봤을 것이다.
　그러나 글쓰기는 이러한 창작의 고통을 수반하는 작업을 통해 내 생각을 내 것으로 만들어 준다. 글쓰기가 생각 정리에 도움이 되는 이유는 머릿속 복잡한 생각들을 글로 풀어 내는 과정에서 하나의 일정한 논리구조와 배열을 갖추어 나가기 때문이다. 주어와 동사로 시작되는 문장의 형태에서부터 각 단어의 배치, 문장의 구성까지 머릿속에 돌아다니는 생각의 파편들을 종이 위에 하나둘씩 퍼즐처럼 배열해 나가기 시작한다.

머릿속 생각은 그저 돌아다니는 작은 파편들의 집합에 불과하다. '구슬이 서 말'인 셈이다. 그걸 꿰어 내는 것이 글쓰기다. 생각을 글로 정리하는 과정은 초심자일수록 어렵지만, 그 과정을 한 번 두 번 반복하다 보면 생각은 보다 쉽게 정리되고, 자신만의 어떠한 규칙이나 법칙을 형성하여 보다 능숙하게 된다.

여기에 한 가지 스킬을 덧붙이자면 블로깅이나 에세이처럼 자유로운 글을 쓸 때에는 글을 쓰면서 속으로 말해 보라. 대부분의 블로깅이나 에세이가 구어체 스타일의 문체를 활용한다는 점을 볼 때, 이는 능숙한 말하기를 종이 위에 옮겨놓는 것과 비슷하다. 속으로 글을 읽어가면서 쓰게 되면, 글 자체도 직접 말하는 것처럼 자연스러워질 뿐만 아니라 글도 읽는 사람에게 쉽게 다가간다. 생각을 말하듯이 배열하는 글쓰기. 이것이 내가 개인적으로 생각하는 가장 '즐거운' 글쓰기 방식이다.

글쓰기에 능숙해지면 블로깅은 쉬워진다. 사실 블로깅을 토대로 이야기를 꺼내긴 했지만 글쓰기는 누구에게나 필요한 능력이다. 블로깅부터 시작해서 간단한 보고서를 쓰건 에세이를 쓰건, 혹은 책을 쓰건 간에 글쓰기는 누구에게나 활용되고 요구된다. 생각을 정리해 자신의 것으로 만드는 즐거움. 글쓰기에서 느낄 수 있는 매력적인 재미 중 하나다.[1]

 정리하기

- 설명은 왜 필요할까? 그리고 어떻게 설명하면 상대방이 효과적으로 나의 설명을 이해할 수 있을까? 이에 대한 나의 생각을 정리해 이야기해 보자.

  ※ 2분 정도의 분량으로 이야깃거리를 정리해서 발표해 보자.

✅ **말하기의 적당한 속도와 분량은?**

말하기의 적당한 속도는 1분에 200자 원고지 2장 정도다. A4 용지 1장이 200자 원고지 4장 분량이니 1분을 위한 말하기에 적당한 분량은 A4용지 반 장 정도의 분량(글자 크기 10포인트 기준)으로 생각하면 된다.

1. 활동과 분석

🔵 생각 나누기를 통해 '설명'의 필요성에 대해 이야기해 보았다. 이 절에서는 설명을 하기 위해 필요한 설명의 형식과 방법에 대해 알아보자.

1.1. 설명의 형식 찾기

➕ **함께 찾기 1** 아래의 글은 '설명하는 글'이 어떤 것인지에 대해 설명한 글이다. 아래의 글을 읽고, 다음에 제시된 질문의 답을 찾아보자.

> 우리는 생각보다 많은 시간을 누군가에게 내가 알고 있는 정보를 전달하는 데 사용한다. 내가 알고 있는 것을 상대방에게 전달할 때 사용하는 표현 방법이 바로 설명이다. 설명은 어떤 일이나 대상의 내용을 독자가 잘 알 수 있도록 쉽고 정확하게 밝히는 것을 뜻한다. 이 글에서는 이 설명이 '글'의 형식으로 표현될 때 알아야 할 사실에 대해 다루고자 한다.
>
> 설명하는 글은 글을 쓰는 사람이 가진 지식이나 구체적인 정보를 독자가 정확하게 이해할 수 있도록 풀어서 쓴 글이다. 그러므로 설명하는 글은 대상에 대한 구체적인 정보뿐만 아니라 세부적인 내용을 포함하는 글이다. 또 독자가 독자에게 새로운 대상이나 정보를 이해하는 데 목적을 둔 글이다. 이해 목적의 글이므로 정보를 제시하는 방식이나 나열하는 순서 등도 낯선 것보다는 독자에게 친숙한 방법을 택하는 게 좋다.
>
> 설명하는 글의 목적은 독자에게 정보를 '전달'하는 것이다. 경험을 통해서 알게 된 정보나 무엇인가를 새로 연구하거나 개발하면서 생성된 정보 등 글 쓰는 이가 터득한 새로운 정보를 독자와 공유하기 위해 설명의 방식을 사용할 수 있다. 그러므로 설명하는 글은 독자의 관심사나 독자의 입장 등을 충분히 고려해야 하고, 그 결과를 글에 반영해야 한다.
>
> 설명하는 글을 쓸 때는 다음의 세 가지를 고려해야 한다. 바로 '사실을 토대로, 의미가 정확하게, 쉬운 문장으로' 표현하는 것이

💭 내 생각 정리하기

다. 이를 위해서는 일단 설명할 대상의 실체를 정확하게 파악하는 것이 먼저이다. 다음으로 그렇게 파악한 내용을 정확하고 구체적인 문장으로 표현하는 것이 중요하다. 독자에게 익숙하지 않은 내용을 이해시키는 것이 설명하는 글의 목적이므로, 설명하는 글은 의미가 분명하게 드러나도록 쓰고, 누구나 알 수 있게 쉽고 간결하게 쓰는 것이 중요하다.

다음으로 중요한 사실은 설명하는 글이 '사실'을 토대로 생성된다는 것이다. 사실은 시간과 공간의 변화에 영향을 받지 않는다. 즉, 일관성이 유지된다. 이 '사실'은 객관성, 진실성, 실재성 등을 갖는다는 점에서 '의견'과는 다르다. 따라서 설명하는 글은 실제로 있었던 일이나 존재하는 사실에 근거하며, 설명하는 주체나 관점 등에서도 절대적인 기준을 사용해야 한다. '나/너' 또는 '어제/내일' 등 상대적인 표현이 아니라 '홍길동', '2016년 9월 1일' 등으로 표현하는 것이 절대적인 표현이다.

이상과 같이 설명하는 글은 독자에게 대상이나 정보를 이해시키기 위해 쓰는 글이다. 앞서 언급한 것처럼 설명의 대상은 독자에게 낯선 경우가 많다. 그러므로 설명하는 글을 쓸 때에는 지금까지 기술한 설명하는 글의 집필 목적과 특징, 표현 방법을 잘 이해하고 작성해야 독자의 글에 대한 이해도를 높일 수 있다는 사실을 명심해야 한다.[2]

과제 1. 각 문단의 중심 문장을 찾아 아래의 표에 기록해 보고, 찾아낸 중심 문장이 문단의 어느 부분에 위치하고 있는지 말해 보자.

문단 번호	중심 문장	위치(앞, 중간, 끝)
1문단		

과제 2. 앞의 글을 세 부분으로 나눠 보고, 각 부분의 중심 내용을 아래의 표에 요약해 보자. 그리고 글의 처음, 중간, 끝의 부분에서 주로 사용하는 표현에는 어떤 것이 있는지 앞의 글에서 찾아보자.

	문단 번호	중심 내용	특징적인 표현
처음			
중간			
끝			

과제 3. 중심 내용을 고려하여 앞의 글에 제목을 붙여 보자.

제목	

과제 4. 아래에 제시한 표는 앞에 제시한 글의 형식을 정리한 것이다. 이를 바탕으로 설명하는 글을 쓸 때 중요한 점이 무엇인지를 주제로 모둠별 토론을 해 보고, 그 결과를 설명문으로 작성해 보자.

'설명하는 글을 쓸 때 가장 중요한 것'을 주제로, 설명문을 작성해 보자.
– 주제: 설명하는 글을 쓸 때 가장 중요한 것
– 분량: 1문단(250~300자)
– 형식: 두괄식

1) 주제문 쓰기:

2) 설명문 쓰기:

더 알아보기

1) 문단의 형식: 주로 두괄식
중심 문장이 문단의 어느 부분에 위치하느냐에 따라 독자가 글에 집중하는 정도에 차이가 있을 수 있다. 대체로 두괄식은 새로운 정보나 사실을 제시할 때, 미괄식은 제시한 정보나 사실을 요약할 때, 양괄식은 제시한 정보나 사실을 요약하고 강조할 때 주로 사용한다.

2) 글의 구조: 3단 구조
처음-중간-끝의 3단 구조는 일반적으로 독자들에게 가장 익숙한 구조로 새로운 사실에 대한 도입, 새로운 사실에 대한 설명, 설명한 사실에 대한 요약과 정리에 유용한 구조이다.

3) 문장의 표현 방식: 정의, 예시, 요약
'정의'는 어떤 말이나 사물의 뜻을 분명히 밝혀 규정하는 것을 뜻한다. 주로 '무엇은 어떤 것이다.'의 형식으로 표현한다. '예시'는 말 그대로 예를 들어 보이는 것이다. '예를 들어'와 같은 표현은 '예시'를 할 때 많이 사용하는 표현이다. 마지막으로 '요약'은 말이나 글의 요점을 잡아서 간추리는 것을 뜻한다. 요약을 할 때는 기술한 내용 중에서도 가장 중요한 것을 추려서 핵심어 중심으로 정리해야 한다.

생각 풀기 1 아래의 글은 글의 구성 방식 중, 단계적 구성 방식과 포괄적 구성 방식에 대한 정보이다. 아래의 글을 참고하여 제시한 문단 ㉮의 구성 방식을 바꿔 보자.

> 단계적 구성 방식은 논리적 흐름에 따른 배열로 보고서, 논설문, 설명문 등에 적합한 구성 방식이다. 단계적 구성의 종류에는 서론-본론-결론 또는 도입-전개-결말의 3단 구성과 기-승-전-결 또는 발단-전개-발전(또는 절정)-결말의 4단 구성, 마지막으로 발단-전개-위기-절정-결말과 같은 5단 구성이 있다.
>
> 다음으로 포괄적 구성 방식은 글보다는 문단 차원에서 문단의 중심 문장이 문단의 어느 부분에 오느냐와 관련된 구성 방식이다. 중심 문장을 문단의 앞에 두면 두괄식, 마지막 부분에 두면 미괄식, 앞과 뒤에 모두 두면 양괄식 구성이다.

㉮ 글쓰기는 생각을 정리하는 가장 좋은 방법 가운데 하나다. 머릿속에 떠돌고 있는 생각을 정리된 글로 표현해 내는 작업이다. 아마 많은 사람들이 글쓰기에 대한 부담과 거부감을 가지고 있을 것이다. 지금은 글쓰기에 능숙한 이들도 처음에는 모두들 글쓰기를 어려워했다. 하얀 종이 위에 글씨를 써 내려가야 하긴 하는데, 어떤 방식으로 어떠한 이야기를 어떻게 써 내려가야 할지 쉽게 감이 오지 않는 경험은 누구나 한 번쯤 해봤을 것이다.[3]

과제 1. 앞의 [함께 찾기 1]에서 제시한 지문은 위의 단계적 구성 방식 중 어떤 구성 방식에 해당하는지 생각해 보자. 그리고 이러한 단계적 구성 방식을, 3단 구성을 중심으로 서로 비교해 보고 각 단계의 특징이 무엇인지 생각해 보자.

3단 구성	4단 구성	5단 구성	특징
처음 / 서론 / 도입	기 / 발단	발단	
중간 / 본론 / 전개	승 / 전개	전개	
	전 / 발전(절정)	위기	
		절정	
끝 / 결론 / 결말	결 / 결말	결말	

과제 2. 아래에 제시한 문단 ㉯는 어떤 구성 방식을 이용해 '어떻게' 분석할 수 있을지 생각해 보자. 중심 문장과 뒷받침 문장으로 나누어 살펴보자.

> ㉯ 설명하는 글의 목적은 독자에게 정보를 '전달'하는 것이다. 경험을 통해서 알게 된 정보나 무엇인가를 새로 연구하거나 개발하면서 생성된 정보 등 글 쓰는 이가 터득한 새로운 정보를 독자와 공유하기 위해 설명의 방식을 사용할 수 있다. 그러므로 설명하는 글은 독자의 관심사나 독자의 입장 등을 충분히 고려해야 하고, 그 결과를 글에 반영해야 한다.

문단의 구성 방식	
문단 구조 분석 결과	

과제 3. 위의 문단 ㉯에서 중심 문장의 위치를 문단의 제일 마지막으로 배치해 보자. 이때 문단을 구성하는 문장 간의 긴밀성을 고려해 문장과 문장을 자연스럽게 연결해 보자.

과제 4. 앞의 과제 활동들을 바탕으로, 설명하는 글에서 두괄식 구성과 미괄식 구성이 어떤 차이를 가지는지 설명해 보자.

> '설명하는 글에서 두괄식 구성과 미괄식 구성의 차이점'을 주제로, 설명문을 작성해 보자.
> – 주제: 설명하는 글에서 두괄식 구성과 미괄식 구성의 차이점
> – 분량: 1문단(250~300자)
> – 형식: 두괄식

1) 주제문 쓰기:

2) 설명문 쓰기:

1.2. 설명의 방법 찾기

➡ 체계적으로 무엇에 대해 설명하는 글을 쓰기 위해서는 설명할 대상이나 정보를 정확하게 파악하고, 이를 바탕으로 대상이나 정보에 적합한 설명의 방법을 결정해야 한다.

🔍 **함께 찾기 2** 아래의 두 글은 각각 '셀카'와 '성년의 날'에 대해 설명한 글이다. 이 두 글에 각각 어떤 설명의 방법이 쓰였는지 찾아보자.

> <u>셀카란 카메라로 자신의 모습을 직접 찍는 행위를 말한다.</u> 처음 사진 기술이 발명되면서 가장 먼저 등장한 장르 중의 하나도 바로 '초상 사진'이었다. 왕실과 영주들에게 억압과 착취만 당했던, 그때까지 자신의 초상화를 갖지 못했던 소시민들에게 카메라를 이용해 '초상화'를 선사하게 된 것은 사진 기술의 문화사적 의미이기도 하다.[4]

📝 내 생각 정리하기

> <u>성년의 날은 사회인으로서의 책무를 일깨워 주며, 성인으로서의 자부심을 부여하기 위하여 지정된 기념일을 뜻한다.</u> 성년의 날은 매년 5월 셋째 월요일로 지정되어 있다. 우리나라의 옛날 성년례(成年禮)는 고려 광종 때인 965년(광종 16)에 세자 유(伷)에게 원복(元服)을 입혔다는 데서 비롯된다.[5]

📝 내 생각 정리하기

과제 1. 두 글의 밑줄 친 문장에서 공통적으로 사용된 설명의 방법이 무엇인지 이야기해 보자.

과제 2. 앞의 두 글에 사용된 설명의 방법이 가지는 특징과 해당 설명 방법의 장점이 무엇인지 이야기해 보고, 이를 바탕으로 두 글에서 사용된 설명 방법의 특징에 대해 공통점을 중심으로 정리해 보자.

이 설명 방법의 특징(공통점)

과제 3. 이러한 설명 방법은 어떤 주제나 대상을 설명할 때 필요할까? 아래의 빈칸에 간단하게 이 설명 방법이 필요한 경우에 대해 정리해 보고 그 이유에 대해 토의해 보자.

이 설명 방법이 필요한 경우

함께 찾기 3 아래의 두 글은 각각 '마음'과 '물속의 시간'에 대해 설명한 글이다. 이 두 글에 각각 어떤 설명의 방법이 쓰였는지 찾아보자.

 내 생각 정리하기

마음은 마치 순두부 같습니다. 조금만 건드려도 흔들리고 쉽게 뭉그러집니다. 그리고 그 상처가 오래 남습니다. 이렇게 여린 마음을 잘 보호하기 위해 누구나 마음의 경호실을 가지고 있습니다. 이 마음의 경호실에서는 다양한 경호 작전들을 평소에 준비해 놓고 있습니다. 정신분석학에서는 이를 방어기제라고 부릅니다. 방어기제는 '두렵거나 불쾌한 정황이나 욕구 불만에 직면하였을 때 스스로 방어하기 위하여 자동적으로 취하는 적응 행위'를 말합니다.[6]

> 물속의 시간은 조류만큼이나 변덕스럽게 흐른다. 때론 세 살짜리가 모는 세발자전거 같고, 때론 폭주족의 오토바이 같기도 하다. 아틀란티스의 시간은 마술사의 손이었다. 손 한 번 휘두를 짧은 순간에 1시간이 소맷부리 속으로 뭉텅, 사라졌다. 체온은 위험수위로 떨어졌고 살갗의 감각이 거의 사라졌다. 시야는 물결과 상관없이 흔들렸다. 무채색으로 보여야 할 마을 풍경에 선명한 색상이 덮이기 시작했다. 기분은 위험할 정도로 들떴다. 질소 마취에 걸려들고 있다는 경고의 신호들이었다.[7]
>
>  내 생각 정리하기

과제 1. 위의 두 글에서 공통적으로 사용된 설명의 방법이 무엇인지 이야기해 보자.

과제 2. 위의 두 글에 사용된 설명의 방법이 가지는 특징과 해당 설명 방법의 장점이 무엇인지 이야기해 보고, 이를 바탕으로 두 글에서 사용된 설명 방법의 특징에 대해 공통점을 중심으로 정리해 보자.

이 설명 방법의 특징(공통점)

과제 3. 이러한 설명 방법은 어떤 주제나 대상을 설명할 때 필요할까? 아래의 빈칸에 간단하게 이 설명 방법이 필요한 경우에 대해 정리해 보고 그 이유에 대해 토의해 보자.

이 설명 방법이 필요한 경우

➕ **함께 찾기 4** 아래의 두 글을 읽고 두 글에 공통적으로 쓰인 설명의 방법이 어떤 것인지 찾아보자.

모리오리족과 마오리족 사이에서 벌어진 이 충돌의 잔혹한 결과는 충분히 예측할 수 있는 일이었다. 모리오리족은 고립되어 있던 소수의 수렵 채집민으로, 지극히 간단한 기술과 무기밖에 없었다. 그들은 전쟁 경험이 전무했고 강력한 지도층이나 조직력이 부족했다. 반면에 (뉴질랜드의 북北섬에서 온) 마오리족 침략자들은 격렬한 전쟁이 만성적으로 되풀이되는 조밀한 농경민 사회에 속해 있었다. 그들은 모리오리족보다 더 발전된 기술과 무기를 갖추었고 강력한 지도층의 지휘에 따라 움직였다.[8]	✏️ 내 생각 정리하기

황희가 분명하고 정확하고 강직했다면, 맹사성은 어질고 부드럽고 섬세했다. 또한 황희가 학자적 인물이었다면 맹사성은 예술가적 인물이었다. 그래서 황희는 주로 병조, 이조 등 과단성이 필요한 업무에 능했고, 맹사성은 예조, 공조 등 유연성이 필요한 업무에 능했다. 이들의 이러한 다른 일면은 세종의 왕도 정치 구현에 크나큰 도움이 되었다.[9]	✏️ 내 생각 정리하기

과제 1. 위의 두 글에서 공통적으로 사용된 설명의 방법이 무엇인지 이야기해 보자.

1부. 설명과 발표
2부. 설득과 토론

과제 2. 앞의 두 글에 사용된 설명의 방법이 가지는 특징과 해당 설명 방법의 장점이 무엇인지 이야기해 보고, 이를 바탕으로 두 글에서 사용된 설명 방법의 특징에 대해 공통점을 중심으로 정리해 보자.

이 설명 방법의 특징(공통점)

과제 3. 이러한 설명 방법은 어떤 주제나 대상을 설명할 때 필요할까? 아래의 빈칸에 간단하게 이 설명 방법이 필요한 경우에 대해 정리해 보고 그 이유에 대해 토의해 보자.

이 설명 방법이 필요한 경우

함께 찾기 5 아래의 두 글을 읽고 두 글에 공통적으로 쓰인 설명의 방법을 찾아보자.

> 아동 심리학자들은 사랑의 개념에 네 가지 단계가 있다고 말한다.
> 첫 단계: 나는 사랑받고 싶다.
> 이는 아이의 단계다. 아이에게는 뽀뽀해 주고 어루만져 주는 것이 필요하다. 아이는 선물을 받고 싶어 한다. 아이는 주위 사람들에게 "내가 사랑스러운가요?"라고 물으면서 사랑의 증거를 원한다. 처음에는 주위 사람들 모두에게, 나중에는 자기가 본받고 싶은 '특별한 타인'에게 사랑을 확인하려고 한다.
> 둘째 단계: 나는 사랑할 수 있다.
> 이는 어른의 단계다. 사람들은 어느 순간 자기가 남을 생각하며 감동할 수 있고 자신의 감정을 외부에 투사할 수 있다는 사실을 발

📝 **내 생각 정리하기**

견한다. 자신의 애정을 특별한 존재에게 집중할 수 있다는 것도 알게 된다. 그 느낌은 사랑받는 것보다 한결 흐뭇하다. 사랑을 하면 할수록 그것에 엄청난 힘이 있음을 깨닫게 된다. 그 기분에 취하면 마치 마약에 중독된 것처럼 사랑하지 않고는 살 수 없게 된다.

셋째 단계: 나는 나를 사랑한다.

자신의 애정을 남에게 투사하고 나면 그것을 자기 자신에게 쏟을 수 있다는 것을 깨닫게 된다. 이 단계의 사랑은 앞의 두 단계와 비교할 때 한 가지 장점이 있다. 사랑을 받기 위해서든 주기 위해서든 남에게 의존하지 않아도 되고, 따라서 사랑을 주거나 받는 존재에게 실망하거나 배신당할 염려도 없다는 점이다. 우리는 누구의 도움도 요구하지 않고 우리의 필요에 따라서 정확하게 사랑의 양을 조절할 수 있다.

넷째 단계: 보편적인 사랑.

이는 무제한의 사랑이다. 애정을 받고 남에게 투사하고 자기 자신을 사랑하고 나면, 사랑을 자기 주위의 사방팔방으로 전파하기도 하고 사방팔방에서 받아들이기도 한다.

이 보편적인 사랑을 부르는 이름은 생명, 자연, 대지, 우주, 기, 신 등 사람에 따라 달라질 수 있다. 이 개념을 자각하게 되면 정신의 지평이 넓어진다.[10]

그런데 문화는 지층과 같이 중층구조를 이루고 있다. 문화의 표층구조는 쉽게 인지되고 상황에 따라 변화하지만 심층구조는 잘 인식되지 않으면서 안정된 기반을 이루고 있기 때문에 쉽사리 변하지 않는 구조라고 할 수 있다.

여기서 우리는 문화라는 개념을 '문학 예술', '일상 문화', '기저 문화' 이렇게 세 가지로 구분하여 볼 수 있다. 보통 많이 쓰이는 문화의 개념은 '문학 예술'이다. 정부 부처 가운데 문화부는 문학 예술 활동을 진흥하거나 규제하는 업무를 담당한다. 다른 한편 기업 문화, 군대 문화, 청년 문화, 남성 문화 등등의 문화는 '일상 문화'를 말한다. 일상 문화는 일상적 삶의 방식과 규칙들을 말한다. 문학 예술이나 일상 문화는 겉으로 드러나는 문화이지만 '기저 문화'는 잘 잡히지 않는 심층 문화이다. 기저 문화는 문화적 에토스, 한 민족

 내 생각 정리하기

의 특징적인 사고방식과 행위 방식 등을 말하며 사회의 객관화된
제도와 실천 양식들의 밑바닥에 위치해 있다.[11]

과제 1. 위의 두 글에서 공통적으로 사용된 설명의 방법이 무엇인지 이야기해 보자.

과제 2. 위의 두 글에 사용된 설명의 방법이 가지는 특징과 해당 설명 방법의 장점이 무엇인지 이야기해 보고, 이를 바탕으로 두 글에서 사용된 설명 방법의 특징에 대해 공통점을 중심으로 정리해 보자.

이 설명 방법의 특징(공통점)

과제 3. 이러한 설명 방법은 어떤 주제나 대상을 설명할 때 필요할까? 아래의 빈칸에 간단하게 이 설명 방법이 필요한 경우에 대해 정리해 보고 그 이유에 대해 토의해 보자.

이 설명 방법이 필요한 경우

통합적 의사소통 능력을 키우는
통통 글쓰기 2

➕ **함께 찾기 6** 아래의 두 글을 읽고 두 글에서 공통적으로 쓰인 설명의 방법을 찾아보자.

전망대에 늘어선 사람들 머리 위로 한 무리의 흑두루미들이 솟구쳐 오르는가 싶더니 하늘에 흑두루미들이 가득했다. 흑두루미들은 구름이 잔뜩 낀 흐린 하늘을 배경으로 천천히 선회했다. 흑두루미들이 솟구쳐 오르자, 택시 기사는 그 자리에서 차를 멈추고 차창 밖으로 목을 빼 그 모습을 올려다봤다. 흑두루미들은 유유히 날고 있었다.[12]	✏️ 내 생각 정리하기

식당에는 승객 한 명만이 앉아 있었는데, 차장이 이야기한 바로 그 젊은 영국인 여자 같았다. 그녀는 꽤 키가 크고 호리호리했으며, 검은 머리카락에 28살쯤 되어 보였다. 그녀는 매우 세련된 동작으로 묵묵히 아침 식사를 들고 있었다. 웨이터에게 커피를 좀 더 가져다 달라고 하는 말투나 식사하는 태도로 보아, 그녀가 세상과 여행에 대해서 얼마나 많이 알고 있는지 알 수 있었다. 그녀는 기차 안의 따뜻한 온도에 어울리게 얇은 천으로 된 검은색 여행용 옷을 입고 있었다.[13]	✏️ 내 생각 정리하기

과제 1. 위의 두 글에서 공통적으로 사용된 설명의 방법이 무엇인지 이야기해 보자.

🖊️

과제 2. 위의 두 글에 사용된 설명의 방법이 가지는 특징과 각 설명 방법의 장점이 무엇인지 이야기해 보고, 이를 바탕으로 두 글에서 사용된 설명 방법의 특징에 대해 공통점을 중심으로 정리해 보자.

이 설명 방법의 특징(공통점)

1부. 설명과 발표
2부. 설득과 토론

과제 3. 이러한 설명 방법은 어떤 주제나 대상을 설명할 때 필요할까? 아래의 빈칸에 간단하게 이 설명 방법이 필요한 경우에 대해 정리해 보고 그 이유에 대해 토의해 보자.

이 설명 방법이 필요한 경우

과제 4. 다음에 제시한 [더 알아보기]를 바탕으로, '설명하는 글을 쓸 때 중요한 점 또는 고려해야 할 점'을 주제로 하여 모둠별로 토론해 보자. 그리고 그 결과를 정리해 설명해 보자.

➡ **토론하기**

토론 주제:

토론 내용:

➡ 토론 결과 설명하기

더 알아보기

1) 설명의 방법: 정의

　정의(定義)의 사전적 개념은 '어떠한 대상의 뜻을 명백히 밝혀 규정하는 것'이다. 대상에 대한 정의는 일반적으로 유개념(類槪念)과 종개념(種槪念)의 관계를 통해 이루어진다. 어떠한 개념의 외연이 다른 개념의 외연보다 클 때, 전자를 유개념, 후자를 종개념이라고 한다. 예컨대, '사람은 이성적 동물이다'라고 정의할 때, 유개념은 '동물', 종개념은 '사람'이다. 이때 사람을 동물과 구별시켜 주는 특성인 '이성'은 '종차(種差)'이다. 즉, '종차'는 한 유개념 속의 어떤 종개념이 다른 종개념과 구별되는 자질을 뜻한다.

2) 설명의 방법: 비유

　비유(比喩)의 사전적 개념은 '어떤 현상이나 사물을 직접 설명하지 아니하고 다른 비슷한 현상이나 사물에 빗대어서 설명하는 것'이다. 즉, 전혀 다른 범주에 있는 대상 B를 끌어와 대상 A를 표현하는 방법이다. 이처럼 비유를 생성하는 원리는 유사성을 기반으로 한다. 비유는 직유, 은유, 환유 등을 아우르는 개념이다. 일반적으로 비유는 문학작품에서 많이 쓰이지만 속담, 광고 카피 등 일상에서도 많이 찾아볼 수 있다. 비유를 통해 새로운 의미가 다양하게 생성될 수 있다. 이처럼 비유는 어휘의 본래 의미를 넘어서는 표현법이다.

3) 설명의 방법: 비교

　비교(比較)는 '둘 이상의 사물을 견주어 서로 간의 유사점, 차이점, 일반 법칙 따위를 고찰하는 것'을 이른다. 예컨대, 자동차와 기차를 견주어 공통점을 찾는 것이나 흥부와 놀부를 견주어 차이점을 논의하는 것 등을 들 수 있다. 차이점을 중심으로 견주는 것을 '대조'라고도 하는데, 공통점이든 차이점이든 서로 견주어 설명하는 것은 모두 비교의 방법이다. 비교하기는 대상의 특징을 분명히 드러내 이를 구체적으로 파악하기 위해 사용된다.

4) 설명의 방법: 분류와 분석

　분류(分類)는 '종류에 따라서 가름'을 의미한다. '유개념의 외연에 포함된 종개념을 명확히 구분하여 체계적으로 정리하는 것'을 뜻하기도 한다. 분류는 기준을 확실하게 잡고, 기준에 따라 일정하게 나누는 것이 핵심이다. 예컨대, 영화를 '전체 관람가, 청소년 관람가, 성인 전용'으로 나눌 때, 그 기준은 '관객의 연령'이다. 또한 '동국대학교 학생들을 분류'한다면, '성별'을 기준으로 '남, 여'로 나눌 수 있으며, '고등학교 출신 지역'을 기준으로 '수도권, 충청권, 호남권, 영남권'으로 분류할 수 있다.

　한편 분석(分析)의 사전적 의미는 '얽혀 있거나 복잡한 것을 풀어서 개별적인 요소나 성질로 나누는 것'이다. 분석은 전체가 여러 가지 요소로 구성된 대상에 한해서만 적용 가능하다. 효과적인 분석을 위해서는 첫째, 분해된 부분들의 상호관계를 밝혀 내야 하며, 둘째, 전체 구조 속에서 각 부분의 위치와 기능도 아울러 명백히 드러내야 한다. 분석에는 첫째, 물리적인 공간, 또는 눈에 보이는 대상에 대한 물리적 분석이 있다. 둘째, 심리적인 개념 또는 관념에 대한 분석이 있다. 후자의 경우, 다시 1)'어떻게 작용하는가?'라는 물음에 대한 해답인 기능적 분석, 2) 다룰 수 없는 어떤 사건의 단계를 밝히고자 하는 연대기적 분석, 3) 원인과 결과의 단계를 밝혀 내는 인과적 분석으로 분류될 수 있다.

　분류와 분석의 차이는 다음과 같다. 예를 들어, '우리나라의 정치 구조는 입법·행정·사법부로 구성되어 있다'는 문장은 분류에는 속하지만, 분석에는 해당되지 않는다. 분석을 하려면 우리나라의 정치 구조인 입법·행정·사법부가 가지는 각각의 특징, 의의를 자세히 다루어야 한다.

5) 설명의 방법: 묘사

묘사(描寫)는 '어떤 대상이나 사물, 현상 따위를 그리듯 표현하는 것'을 뜻한다. 즉, 대상에 대해 언어로 서술하되 그림을 그리듯이 세밀하게 표현하는 방식이다. 같은 대상이라도 관찰자가 어떻게 대상을 보느냐에 따라 묘사의 내용은 달라질 수 있다. 묘사는 크게 대상을 객관적으로 서술하는 경우와, 필자의 주관적 생각과 느낌을 중심으로 서술하는 경우로 나눌 수 있다. 묘사를 할 때에는 눈에 보이는 세부 사항 전부를 다루는 것에 연연하지 말아야 한다.

생각 풀기 2 앞서 [함께 찾기]의 과제 활동을 통해 도출한 설명의 방법들을 다양한 주제를 설명하는 데 적용해 보자.

과제 1. 정의의 방법을 활용하여 다음 단어를 설명해 보자.

단어	단어 설명
셀카	셀카란 카메라로 자신의 모습을 직접 찍는 행위를 말한다.
여행	
사랑	
중독	
돈	

과제 2. 비유의 방법을 활용하여 다음 단어를 설명해 보자.

단어	단어 설명
마음	마음은 마치 순두부 같다.
여행	

사랑	
중독	
돈	

과제 3. 위의 [과제 2]에서 비유한 대상과 비유한 단어가 가지는 공통점이 무엇인지 찾아서 그 결과를 아래의 표에 각각 한 문장으로 정리해 보자.

단어	비유 단어	단어 설명
마음	순두부	마음과 순두부는 조금만 건드려도 뭉그러지고 쉽게 상처가 남는다는 공통점을 가진다.
여행		
사랑		
중독		
돈		

과제 4. 앞서 살펴본 정의/비유/비교·대조/분류·분석/묘사의 방법의 특징이 무엇인지 생각해 보자. 그리고 각각의 설명 방식이 가지고 있는 공통점과 차이점을 비교해 보자.

설명의 방법	설명할 때 쓰이는 대상의 수	특징	공통점이 있는 설명의 방법
정의	두 가지 이상	- "○○은 ○○○한 ○○○을 말한다."의 형식. - 사전에서 많이 쓰임.	비유
비유			
비교 · 대조			

분류 · 분석			
묘사			

✏️

과제 5. 위 [과제 4]에서 설명 방법의 특징을 정리한 표를 바탕으로, 설명의 방법에는 어떠한 것이 있고, 각 설명 방법이 어떤 역할을 하는지 설명해 보자.

'설명하는 방법 중 정의와 비유의 차이점'을 주제로, 설명문을 작성해 보자.

- 주제: 설명하는 방법 중 정의와 비유의 차이점
- 분량: 1문단(250~300자)
- 형식: 두괄식

1) 주제문 쓰기:

2) 설명문 쓰기:

2. 적용과 활용

🔁 활동과 분석을 통해 '설명'의 형식과 방법에 대해 알아보았다. 이 절에서는 설명의 형식과 방법을 설명의 유형과 방법으로 나누어 다양한 주제에 적용해 보고, 이를 활용해 보자.

2.1. 적용하기

1) 설명의 유형

✓ 적용하기 1 아래의 정보는 '스마트 동국' 애플리케이션에 대한 설명이다. 아래의 정보와 함께 자신이 알고 있는 '스마트 동국' 애플리케이션의 특징, 기능 등을 추가해 '스마트 동국' 애플리케이션에 대해 설명해 보자.

'스마트 동국'이란?

- 전자 출결 관리 및 교내 누리집(홈페이지) 관련 작업 등을 통합해 수행할 수 있는 애플리케이션
- 앱 설치 및 이용 방법
  1) 스마트폰 사용자만 앱을 설치하여 이용할 수 있음.
  2) 구글 플레이 스토어나 애플 앱 스토어에 접속 후 '스마트 동국'을 검색해 설치
  3) 스마트 동국 실행 후 유드림스 아이디와 비밀번호로 사용자 인증

과제 1. 정보들 중에서도 가장 핵심 정보, 또는 정보들을 대표하는 정보가 정보 전달을 위한 글에서 주제문이 될 수 있다. 이러한 점을 고려하여 위의 정보들을 바탕으로 설명하는 글을 쓸 때, 이 글의 주제문을 만들어 보자.

주제문	

1부. 설명과 발표
2부. 설득과 토론

과제 2. 주제문을 설명하기 위한 핵심어를 3개 이상 쓰고, 각 핵심어를 문장으로 만들어 보자.

핵심어	문장
1	
2	
3	
4	
5	

과제 3. [과제 2]에서 만든 문장들이 주제문을 설명하기 위한 문장들이다. 이 문장들을 어떤 순서로 배열하면 좋을지를 생각한 다음, 아래의 표에 배열할 문장의 번호를 순서대로 써 보자. 그리고 왜 이렇게 배열하면 좋은지 그 이유를 이야기해 보자.

➡ ➡ ➡ ➡ ➡ ➡ ➡

[배열 이유]

과제 4. 앞의 [과제 1~3]의 결과를 활용하여 주제문을 '두괄식'으로 배치한 설명문을 1문단(250~300자) 이상 작성해 보자.

☑ **적용하기 2** 설명하는 글은 사실을 바탕으로 한다. 그렇기 때문에 시간과 공간에 영향을 받지 않는, 절대적인 표현을 사용한다. 이러한 점을 고려하여 개인적인 여행 후기로 작성한 아래의 메모를 '여행을 위한 정보 전달'을 목적으로 하는 설명문으로 바꿔 보자.

세 남자의 내일로 여행

- 참가자: 김신라, 왕고려, 이조선
- 여행 방법: 기차 여행(내일로 티켓 5일권을 이용, 가격 등은 내일로 티켓 안내 누리집 참고할 것)
- 여행 일정: 20**년 7월 21일~25일

1일차 서울역 2일차 대천역 3일차 순천역 4일차 여수역 5일차 부산역 서울역

- 여행지별로 간 곳

  1) 대천역: 보령 머드 축제(매년 7월 중)

      위치: 충남 보령시 머드로 123, 대천 해수욕장 머드 광장

      재미있었던 것: 머드 슬라이드와 머드 체험관(머드 마사지)

      입장료: 1인당 10,000원(평일 기준)

  2) 순천역: 보령 머드 축제 후 저녁 기차로 순천행

      야식으로 꼬막 식당에서 '꼬막 정식'을 먹음.

      다음 날: 건봉 국밥에서 점심으로 '머리 국밥'(맛있었음.)

      → 드라마 세트장(입장료: 3000원/ 달동네 세트가 인상적임. 옛날 교복을 대여해서 사진 찍음. 이건 여자 친구와 같이 와야 할 곳이었음.)

      → 순천만국가정원(풍차 앞에서 사진 찍는 건 반드시 해야 할 일임. 그런데 이것도 여자 친구가 있으면 더 좋았을 것 같았음.)

  3) 여수역: 시티 투어 버스로 오동도에 감(동백 열차 타면 다리 안 아프고 좋긴 하지만, 10분 정도만 걸어가면 되니 추천 안 함. 여긴 동백꽃 피는 3월에 왔어야 했음. 하지만 7월의 오동도도 좋긴 좋았음. 오동도 용굴도 볼 만함. 용은 없었음.)

      여수 고소동 천사 벽화 마을

      → 해상 케이블카(크리스털 캐빈으로 선택해서 유리 바닥 아래로 바다 구경함. 왕복 1인당 20,000원이라 일반 케이블카보다 비싸긴 했지만, 이건 꼭 봐야 할 것이었음.)

  4) 부산역: 마을버스로 감천 문화 마을(입구가 2개임을 주의해야 함. 지도는 사는 게 좋음.) → 다시 마을버스로 남포동 국제 시장(매운 당면이 맛있었음. 씨앗 호떡은 진리임.)

      → 해동 용궁사(용궁사 앞에 씨앗 호떡이 있음. 이것도 맛있음.) → 광안리 밤바다(멋짐.)

통합적 의사소통 능력을 키우는
통통 글쓰기 2

과제 1. 앞의 메모를 바탕으로 '서울에서 부산까지, 대학생이라면 이렇게 꼭 가봐야 할 여행'이란 주제의 주제문을 작성해 보자.

주제문	

과제 2. 앞의 메모와 [과제 1]에서 작성한 주제문을 바탕으로, 문장 간의 연결을 고려하지 않고, '내일로 여행의 대상과 방법'을 설명하는 문장을 시간 또는 공간적 순서대로 작성해 보자.

과제 3. 앞의 메모를 바탕으로 각 여행지별로 가 볼 만한 곳과 주의할 점을 정리해 보자.

여행지	가 볼 만한 곳과 주의할 점
대천역	
순천역	
여수역	
부산역	

과제 4. 앞의 [과제 1~3]을 바탕으로 두괄식 구성의 설명문을 1문단(250~300자) 이상 작성해 보자.

2) 설명의 방법

✅ 적용하기 3 설명은 내가 알고 있던 대상 또는 정보를 다른 사람들에게 알기 쉽게 전달하는 역할을 한다. 설명은 정보를 전달한다는 점에서 다른 사람들에게 도움을 주지만, 나 자신에게도 도움이 된다. 왜냐하면 설명을 하는 동안 내 머릿속에서 설명의 대상이 더욱 명확하고 체계적으로, 그리고 깊이 있게 자리 잡을 수 있기 때문이다. 이러한 설명의 효과에 착안하여 이번 [적용하기 3]에서는 나에 대해 설명하는 시간을 가져볼 것이다. 다양한 설명의 방법을 활용하여 나를 설명함으로써, 더 선명하고 깊이 있게 나를 알아갈 수 있다. 세상에서 나를 가장 잘 아는 사람은 바로 나 자신이다. 자신감을 가지고 다양한 설명의 방법을 활용하여 '나'를 다채롭게 설명해 보자.

과제 1. '나'를 한 문장으로 정의해 보자.

피정의항	정의항
나	
나는	

과제 2. 나에 대해 왜 위와 같이 정의했는지 그 이유를 정리해 설명해 보자.

✅ **적용하기 4** 다음 [보기]는 서정주의 시 〈자화상〉이다. 밑줄 친 문장 ㉠과 ㉡에서 쓰인 비유법을 활용하여 '나'에 대해 설명해 보자.

[보기]

애비는 종이었다. 밤이 깊어도 오지 않았다.
파뿌리같이 늙은 할머니와 대추꽃이 한 주 서 있을 뿐이었다.
어매는 달을 두고
풋살구가 꼭 하나 먹고 싶다고 하였으나…… 흙으로 바람벽한 호롱불 밑에
손톱이 까만 에미의 아들
갑오년이라든가 바다에 나가서는
돌아오지 않는다 하는 외할아버지의 숱 많은 머리털과
그 커다란 눈이 나를 닮았다 한다.

㉠ 스물세 해 동안 나를 키운 건 팔 할이 바람이다.
세상은 가도 가도 부끄럽기만 하더라.
어떤 이는 내 눈에서 죄인을 읽고 가고
어떤 이는 내 입에서 천치를 읽고 가나
나는 아무것도 뉘우치지 않을란다.

찬란히 티워 오는 어느 아침에도
이마 위에 얹힌 시의 이슬에는
몇 방울의 피가 언제나 섞여 있어
볕이거나 그늘이거나 ㉡ 혓바닥 늘어뜨린
병든 수캐마냥 헐떡거리며 나는 왔다.

— 서정주, 〈자화상〉

과제 1. [보기]의 비유를 참고하여 ㉠의 문장 형식으로 나에 대해 설명해 보자.

㉠ 스물세 해 동안 나를 키운 건 팔 할이 바람이다.
(　　　　) 해 동안 나를 키운 건 팔 할이 (　　　　　)이다.

과제 2. [보기]의 비유를 참고하여 ⓒ의 문장 형식으로 나에 대해 설명해 보자.

ⓒ 혓바닥 늘어뜨린 병든 수캐마냥 헐떡거리며 나는 왔다.
(   )마냥 (   )며 나는 왔다.

과제 3. 나에 대해 왜 위와 같이 정의했는지 그 이유를 정리해 설명해 보자.

▼ **적용하기 5** 다음 웹툰[14]은 '엄친아'(엄마 친구 아들의 줄임말)를 주제로 하고 있다. 이 웹툰은 엄마 친구의 아들과 항상 비교를 당하는 '나'의 상황을 다루고 있다. 이렇게 우리는 살면서 의도하지 않았지만, 다른 사람에 의해 누군가와 비교될 때가 있다. 과거에 누군가와 비교되었던 경험을 떠올려 보고 비교되었던 대상과 나의 특징에 어떤 것이 있는지 생각해 보자. 그리고 이를 활용하여 비교되었던 대상과 나를 비교·대조의 방법으로 설명해 보자.

과제 1. 과거에 내가 비교되었던 대상(예: 친구, 엄마 친구 딸, 형제자매, 사촌 등)이 혹시 있는가? 있다면, 아래 표에 그 대상에 대해 써 보자.

예시	엄마 친구 아들
비교 대상	

과제 2. 비교 대상과 나를 비교해 보고, 그 특징을 다음 표에 정리해 보자.

예시	나	엄마 친구 아들
비교 기준: (성적)	반 40등	전국 1등
적용하기	나	( )
비교 기준 1: ( )		
비교 기준 2: ( )		
비교 기준3: ( )		

과제 3. 비교 대상과 나의 공통점과 차이점을 다음 표에 정리해 보고, 이를 바탕으로 나를 효과적으로 표현할 수 있는 문장을 작성해 보자.

공통점	
차이점	

⬇

나는	

과제 4. [과제 3]에서 작성한 '나를 효과적으로 표현하는 문장'을 좀 더 상세하게 설명해 보자.

조건	① 나를 효과적으로 표현한 문장을 중심 문장으로 하여 두괄식으로 문단을 구성한다. ② 1문단(250~300자) 이상 작성한다.

✅ **적용하기 6** 나는 어떤 경우에 화를 낼까? 그때 나는 왜 화를 냈을까? 화를 낸 원인을 생각해 보자. 또한 화가 났을 때 내가 어떤 행동을 하는지를 생각해 보자. 화의 원인이 무엇이냐에 따라, 그리고 화가 난 정도에 따라 내 행동도 달라졌을 것이다. 화를 낸 원인과 그에 따른 행동을 여러 단계로 분류하고 설명해 보자.

과제 1. '내가 자주 화가 나는 경우'의 원인을 크게 세 가지로 분류해 보자.

화나는 원인 1	
화나는 원인 2	
화나는 원인 3	

과제 2. 이번에는 화가 났을 때 내가 어떤 행동을 하는지를 화의 정도에 따라 단계별로 분류해 보자.

화의 단계	나의 행동
예시: 조금 화남 (1단계)	머리카락을 양손으로 쓸어 넘기면서 고개를 하늘로 든다.

과제 3. 위에서 정리한 표를 참고하여 다음 조건에 맞춰 글을 써 보자.

조건	① 〈내가 화나는 이유 세 가지〉 또는 〈내가 화났을 때 하는 행동의 3단계〉 중 한 가지를 주제로 정한다. ② 분류와 분석의 방법을 모두 활용하여 설명한다. ③ 1문단(250~300자) 이상 작성한다.

2.2. 활용하기

1) 대상을 설명하기

활용하기 1 우리가 익숙하게 알고 있는 판소리 작품에는 다양한 인물 유형들이 존재한다. 아래에 제시한 [조건]에 맞춰, [보기]의 인물들 중 두 사람을 택하고 두 사람의 특징을 설명하는 글을 써 보자.

조건	① 중심 문장을 문단의 마지막에 두는 미괄식 구성을 활용한다. ② 설명의 방법 중 '비교'를 활용한다. ③ 1문단(250~300자) 이상 작성한다.

보기	〈춘향가〉: 춘향, 이몽룡, 방자, 향단, 변 사또, 월매 〈흥부가〉: 흥부, 놀부 〈심청가〉: 심청, 심봉사, 뺑덕어멈

활용하기 2 아래 제시된 [조건]에 맞춰, [보기]의 대상 ①~④ 중 하나를 택하여 이를 설명하는 글을 써 보자.

조건	① 중심 문장을 문단의 처음에 두는 두괄식 구성을 활용한다. ② 설명의 방법 중 '묘사'와 '비유'를 활용한다. ③ 1문단(250~300자) 이상 작성한다.

보기	① 15년 후 내가 살고 있을 집 ② 30년 후 거울로 본 나의 모습 ③ 현재 나와 가장 친한 사람 ④ 현재 우리 학교에서 가장 마음에 드는 공간

활용하기 3 아래 제시된 [조건]에 맞춰, [보기]의 대상 ①~④ 중 하나를 택하여 이를 설명하는 글을 써 보자.

조건	① 두괄식/미괄식/양괄식 구성 중 하나를 선택하여 글을 쓴다. ② 설명의 방법 중 '정의', '분류', '분석'을 모두 활용한다. ③ 1문단(250~300자) 이상 작성한다.

보기	① 영화 ② 동국대학교 학생들 ③ 나의 친구들 ④ 내가 생각하는 사랑의 단계

2) 정보를 설명하기

활용하기 4 다음은 『셜록 홈즈』 시리즈 중 하나인 〈너도밤나무집〉의 일부이다. 헌터 양과 셜록 홈즈의 대화를 듣고, 아래 제시된 조건에 따라 제시한 내용을 한 문단으로 요약한 기사문을 써 보자.

> 셜록 홈즈: "헌터 양, 당신은 이번 사건에서 무척 용감하고 이성적으로 행동했습니다. 다시 한 번 공을 세워 볼 생각은 없습니까? 당신이 뛰어난 여성이기에 부탁하는 겁니다."
>
> 헌터 양: "해 볼게요. 어떤 일이죠?"
>
> 셜록 홈즈: "나는 밤 7시까지 친구와 함께 너도밤나무집으로 가겠습니다. 그때쯤이면 루캐슬 부부는 외출을 했을 테고, 톨러도 아마 술에 취해 쓰러져 있을 거예요. 남은 사람은 톨러의 아내뿐인데, 일을 시끄럽게 만들지도 몰라요. 그러니 뭔가 구실을 만들어 지하실로 내보낸 다음 밖에서 문을 잠가 가둬 주세요. 그렇게만 한다면 일이 한결 수월해질 겁니다."
>
> 헌터 양: "해 볼게요."
>
> 셜록 홈즈: "고마워요! 그럼 사건을 자세히 살펴보기로 하죠. 물론 납득할 수 있을 만한 설명은 하나밖에 없어요. 당신이 그 집으로 들어가게 된 것은 누군가의 대역을 하기 위해서고, 그 사람은 어두운 방에 갇혀 있습니다. 여기까지는 의심의 여지가 없어요. 갇혀 있는 사람은 아마 필라델피아에 있다던 딸 앨리스 루캐슬이겠죠. 당신을 고용한 것은 그녀와 키, 몸매, 머리카락 색이 비슷하기 때문입니다. 앨리스 루캐슬은 어떤 병에 걸렸거나 해서 머리를 짧게 잘랐고, 그렇기 때문에 당신에게도 머리를 자르라고 한 겁니다. 그런데 당신은 우연히도 앨리스의 머리카락 뭉치를 발견했어요. 그리고 길가에 서 있던 남자는 앨리스의 친구, 아마도 약혼자일 겁니다. 그녀와 아주 닮은 당신이 그녀의 옷을 입은 채 언제나 웃고 있었죠. 아마 그 남자는 당신의 행동을 보고 앨리스가 행복하게 살고 있으니 걱정할 필요가 없다고 믿었을 겁니다. 밤이 되면 개를 풀어 둔 이유는 그 남자와 앨리스가 서로 연락하는 것을 막기 위해서겠죠. …(중략)…. 신중하게 처리해야 합니다. 상대는 아주 교활한 사람이에요. 저녁 7시까지는 달리 손을 쓸 방법이 없습니다. 7시까지 당신이 있는 곳으로 가지요. 사건의 수수께끼를 푸는 데 그렇게 많은 시간이 걸리지는 않을 겁니다."[15]

과제 1. 위의 대화가 있었던 날 밤 7시에, 헌터 양은 셜록 홈즈의 조언대로 행동했다. 헌터 양이 이날 밤 7시에 무엇을 했는지를 마을 사람들에게 소개하는 목적의 기사문을 써 보자. 반드시 다음 조건에 유의하여 쓰도록 하자.

조건	① 앞의 대화가 있었던 밤 7시에 헌터 양이 무엇을 했는지를 소개하는 목적의 신문 기사를 쓴다. ② 헌터 양을 주어로 한다. ③ 중심 문장을 문단의 마지막에 두는 미괄식 구성을 활용한다. ④ 설명의 방법 중 '분석'의 방법을 활용한다. ⑤ 1문단(250~300자) 이상 작성한다.

과제 2. 이번에는 명탐정 셜록 홈즈의 추리 내용을 보도하는 목적의 기사문을 써 보자. 반드시 다음 조건에 유의하여 쓰자.

조건	① 셜록 홈즈의 추리를 보도하는 목적의 신문 기사를 쓴다. ② 중심 문장을 문단의 처음에 두는 두괄식 구성을 활용한다. ③ 설명의 방법 중 '분석'의 방법을 활용한다. ④ 1문단(250~300자) 이상 작성한다.

1부. 설명과 발표

활용하기 5 외국인에게 경주에 대한 객관적 정보를 전달하기 위해 경주를 소개하는 글을 쓰고자 한다. 정보를 잘 전달하기 위해 글을 쓰기 전, 다양한 방식을 활용하여 [자료 3]을 수집하고, 글을 쓸 자료가 모두 확보되면 주어진 조건에 따라 경주를 소개하는 글을 써 보자.

과제 1. [자료 1]과 [자료 2]를 참고하여 [자료 3]을 수집, 정리해 보자.

[자료 1] 면적 및 인구수(2014년 5월 기준)

[서울] 면적: 605㎢, 인구수: 1,013만 3,734명
[경주] 면적: 1,324㎢, 인구수: 26만 2,607명

- 출처: 서울시청 홈페이지, 경주시청 홈페이지

[자료 2] 경주의 대표 유적지

불국사는 석굴암과 같은 751년, 신라 경덕왕 때 김대성이 창건하여 774년 신라 혜공왕 때 완공하였다. 토함산 서쪽 중턱의 경사진 곳에 자리한 불국사는 심오한 불교 사상과 천재 예술가의 혼이 독특한 형태로 표현되어 세계적으로 우수성을 인정받는, 기념비적인 예술품이다. 불국사는 신라인이 그린 불국, 이상적인 피안의 세계를 지상에 옮겨 놓은 것으로 법화경에 근거한 석가모니불의 사바세계와 무량수경에 근거한 아미타불의 극락세계 및 화엄경에 근거한 비로자나불의 연화장세계를 형상화한 것이다. 불국사는 2009년 사적502호로 지정되었으며, 1995년 12월 석굴암과 함께 유네스코 세계문화유산으로 공동 등록되었다. 한편, 첨성대는 신라 시대의 천문 관측대이다. 정확한 건립 연도는 알 수 없으나 『삼국유사』에 선덕여왕(재위 632~646) 때 건립했다는 기록이 있다. 첨성대는 동양에서 현존하는 가장 오래된 천문대이다.

- 출처: 문화재청 홈페이지, 경주시청 홈페이지

[자료 3] 경주의 관광 명소

통합적 의사소통 능력을 키우는
통통 글쓰기 2

과제 2. [자료 1], [자료 2], [자료 3]을 참고하여 외국인에게 경주를 소개하는 글을 써 보자. 다음 조건에 유의하여 글을 쓰도록 한다.

| 조건 | ① 두 문단(각 문단 250~300자), 500자 이상으로 작성한다.
② [자료 1]을 활용하여 '비교'의 방식으로 서술한다.
③ [자료 2]와 [자료 3]을 활용하여 서술한다. |

활용하기 6 기사문은 취재를 통해 수집한 정보를 바탕으로 작성되므로, 글을 쓰기 전에 필요한 자료가 모두 확보되어야 한다. 자료 검색을 통해 [자료 4]를 수집하고, 글을 쓸 자료가 모두 확보되면 자료를 바탕으로 로마자 표기법 실태에 대한 기사문을 써 보자.

과제 1. 로마자 표기법(로마자가 아닌 문자를 사용하는 언어를 로마자로 표기하는 방법)에 대한 논문 또는 기사문을 검색하여 [자료 4]에 정리해 보자.

[자료 1] 안내판

[자료 2] 교통 표지판

[자료 3] 2010 부산 국제 영화제 포스터

[자료 4] 로마자 표기법 관련 자료 정리

과제 2. [활용하기 6]의 자료를 활용하여 기사문을 써 보자.

조건	① 두 문단(각 문단 250~300자), 500자 이상으로 작성한다. ② [자료 3]을 활용하여 '비교'와 '분석'의 방식으로 서술한다. ③ [자료 1], [자료 2], [자료 3], [자료 4]를 활용하여 서술한다.

활용하기 7 내가 인상 깊게 본 영화를 소개하는 글을 써 보자. 글을 쓰기 전 영화에 대한 정보를 간략하게 메모하고, 이를 바탕으로 영화 소개 글을 써 보자.

과제 1. 내가 인상 깊게 본 영화에 대한 정보를 간략하게 메모하자.

제목	
감독	
제작 국가	
제작 연도	
장르	
줄거리	

과제 2. [과제 1]의 자료를 활용하여 영화 소개 글을 써 보자.

조건	① 두 문단(각 문단 250~300자), 500자 이상으로 작성한다. ② [과제 1]에서 정리한 메모를 활용하여 서술한다.

📝 **활용하기 8** 내가 주로 사용하는 컴퓨터 프로그램이나 스마트폰 애플리케이션을 사용하는 방법을 간략하게 메모하고, 이를 설명해 보자.

프로그램 또는 애플리케이션의 이름	
특징	
사용 순서나 방법	
사용 시 주의할 점	

3) 감정을 설명하기

활용하기 9 '수능 보던 날에 내가 느꼈던 감정의 변화에 대해 설명해 보자. 다음 조건에 유의하여 글로 표현해 보자.

조건	① 수능 보던 날 아침부터 시험을 끝내고 집으로 돌아와 잠들기 전까지 시간의 흐름에 따라 감정이 어떻게 변하였는지를 구체적으로 서술한다. ② 감정을 느낀 이유와 함께 그 감정과 연관된 사실을 논리적으로 서술한다. ③ 감정 중 하나를 선택하여 다른 대상에 비유한다. ④ 두 문단(각 문단 250~300자), 500자 이상으로 작성한다.

통합적 의사소통 능력을 키우는
통통 글쓰기 2

활용하기 10 대학에 와서 내가 느낀 감정을 생각해 보자. 그리고 이 감정을 다른 사람이 이해할 수 있도록 내 감정에 대해 구체적으로 설명하는 글을 써 보자.

조건	① 대학에 와서 내가 느낀 감정을 세 가지로 분류한다. ② 왜 그렇게 분류했는지 기준을 정리하고, 그러한 감정을 느낀 이유와 그 감정이 연관된 사실을 예로 들어 나의 감정을 분석적으로 서술한다. ③ 두 문단(각 문단 250~300자), 500자 이상으로 작성한다.

활용하기 11 다음 글을 읽고, 이 상황 이후 '그 여자'가 느꼈을 감정과 '그 여자'가 했을 행동을 아래의 조건에 맞춰 설명해 보자.

> 그 여자는 가슴이 쿵쾅대는 소리가 들릴 만큼 숨을 죽이고 꼼짝도 할 수 없었다. 인기척을 내기에는 이미 늦어 버리기도 했지만 그들의 목소리에서는 맛있는 걸 저희들끼리만 휘딱 먹어치워 버리려는 다급하고도 게걸스러운 식욕 같은 게 느껴졌다. 전혀 상관없는 사람 얘기를 하고 있다고 해도 끝까지 듣고 싶었을 것이다. 그러나 스캔들의 주인공이 자신이 될 것을 알아차렸다면 그 전에 중턱을 잘랐어야 하는 것을……. 때를 놓치고 떠오른 생각이었다.
> ― 어머머…… 그 천사 같은 여자가 어쩜 그럴 수가. 말도 안 돼.
> ― 누가 아니래. 나도 내 눈을 의심했다니까. 어떻게 사람이 그렇게 겉 다르고 속 다를 수가 있는지. 완전히 딴 사람이야.[16]

조건	① 자신을 험담하는 사람들의 이야기를 듣고 그 여자가 느꼈을 감정을 자세하게 묘사한다. ② 감정과 함께, 그 여자가 어떠한 행동을 했을지를 구체적으로 묘사하여 설명한다. ③ 한 문단으로 쓰되, 250자 내외의 분량으로 쓴다.

🎯 **활용하기 12** 다음 대화를 보고, 아래의 조건에 맞춰 '준영'의 입장에서 일기를 써 보자.

신 58, 병원, 벤치, 낮.
준영, 벤치에 앉아 있는.

준영 준기 씨. 내가…… 이상한 습관 있는 거 알지?
준기 (보면)
준영 헤어지고 나서 꼭 일주일 되는 날 밤 12시에 술 먹고 전화하는 습관, 말하는 거야. 내가 또 그럴지도 모르거든. 그런데 그러면 한마디도 받아주지 마.
준기 (눈가 붉어져, 다른 데 보는)
준영 세 번 정도쯤 안 받아줌 나도 지쳐서 더는 안 할 거야. 난 늘 세 번이 고비거든. (갑자기 화 나는, 눈가 붉어) 근데, 있잖아. 한 가지만 좀 따지자. 나도 숱하게 촬영하면서, 힘들 때 있었고, 외로울 때 있었고, 자기가 필요할 때 있었거든. 근데 난 자기한테 한 번도 그래 달라고 바란 적 없어.
준기 네가 그래 달란 적이 없어서, 나는 힘들었어.
준영 (억울하고, 속상한) 내가 원하면 해 줄 수나 있어? 첨부터 알았잖아. 우리가 안 맞는 거? 근데 왜 세 번씩이나 다시 만났어? 장난했어? 장난 같은 거 안 하는 칼 같은 사람이.
준기 (맘 아픈) 칼 같은 놈이. 그만큼 네가 좋았어. (눈가 붉어져) 조금 좋았음, 벌써 끝났어.
준영 (눈가 붉어져, 속상한) 헤어지자면서, 그딴 얘기 하면 뭐해?! (잠시 생각하는. 그러다 준기 보며) 이번엔 이상해. 만난 지 하루 만에, 이러는 게……. 정말 끝날 것 같아. 그래?
준기 (서글프게, 준영 보는, 맘 아픈, 다른 데 보는)
준영 (눈가 붉어져, 속상한, 불쑥 말 꺼내는) 전화하면…… 받아줘.
준기 (눈가 붉어져, 가만 생각하다) 회의가 있어. (하고, 가는)
준영 참아는 볼 건데, 그래도 안 되면…… 할게. 그러니까 전화하면 받아줘.
준기 (그냥 가는)
준영 (속상하게 보며) 준기 씨, 나 전화한다![17]

조건	① 준영의 입장이 되어 준영이가 '나'인, '나'를 주어로 한 일기를 쓴다. ② 정의, 비유, 묘사, 분류, 분석 중 두 가지의 설명 방법을 택하여 준영의 감정을 구체적으로 설명한다. ③ 한 문단으로 쓰되 250자 내외의 분량으로 쓴다.

3. 응용

> 지금까지 '설명'의 형식과 방법 그리고 설명하는 글의 유형과 주제에 따라 적용되는, 다양한 설명의 양상에 대해 알아보았다. 이 절에서는 설명하는 글을 말하기를 위한 글로 바꿔 보고, 이를 실제로 발표에 응용해 보도록 하자.

3.1. 발표문의 특징과 형식 찾기

응용하기 1 아래의 글은 음성언어와 문자언어의 차이에 대해 설명한 글이다. 아래의 글을 읽고, 음성언어와 문자언어의 공통점과 차이점을 아래에 제시한 표에 정리해 보자.

> 우리는 말하기, 듣기, 읽기, 쓰기의 방법을 이용해서 주변 사람과 의사를 소통한다. 듣기와 읽기는 이해를 위한 소통 방법이며, 쓰기와 말하기는 표현을 위한 방법이다. 그런데 이 말하기, 듣기, 읽기, 쓰기는 매체에 따라 다시 음성을 사용하는지, 문자를 사용하는지로 나눌 수 있다. 말하기와 듣기는 음성언어를 사용하며, 읽기와 쓰기는 문자언어를 사용하기 때문이다. 문자언어는 문자를 기록하는 사람과 문자를 읽는 사람이 시공간적으로 분리될 수 있다. 이러한 문자언어의 특성 때문에 표현하는 사람의 입장에서의 필자는, 이해하는 사람인 독자를 고려하며 글을 집필할 필요가 있다. 반면 독자는 문맥에 의존하여 글에 담긴 필자의 의도를 파악해야 한다.
>
> 필자와 독자가 시공간적으로 분리되어 있다는 점에는 유리한 점도 있다. 먼저 필자의 입장에서는 시간을 두고 글을 쓰는 게 가능하다. 또 독자도 시간을 두고 필자의 의도를 파악할 수 있다. 그런데 음성언어를 사용하는 말하기와 듣기는 이와 다르다. 청자가 화자와 같은 시공간에 존재하고, 화자의 표현 방식에 의존하여 청자가 즉각적으로 내용을 이해해야 하기 때문이다. 이것은 음성언어의 '일회성' 때문이다. 이와 같이 글과 말은 표현 방식과 이해 방식에 차이가 있다. 따라서 자신의 생각을 정확하게 표현하기 위해서는 의사소통의 매체가 음성언어인지 문자언어인지에 따라 표현과 이해 방식에 어떤 차이가 있는지를 먼저 이해해야 한다.[18]

	음성언어	문자언어
공통점		
차이점		

응용하기 2 음성언어의 특징을 고려해 아래의 글을 '구어체'로 바꿔 보자.

> 고칠수록 좋아지는 게 글이다. 단어 차원에서, 문장 차원에서, 문단 차원에서 글을 이리저리 빼고 더하고 기워 내야 한다. 나 혼자만을 위한 글이라면 그럴 필요가 없다. 하지만 독자를 위한 글이라면, '소통을 위한 글'을 써야 한다. 어문규범 다듬기는 사회적 차원의 소통을 목적으로 하는 글을 쓸 때 당연히 해야 할 작업이다. 나만 아는 단어를 써서는 안 될 테니 표준어 규정도 봐야 하고, 모두가 읽을 수 있는 글자를 부려 써야 하니 맞춤법도 고려해야 한다. 이태준이 "널리 읽히자니, 어느 도 사람에게나 쉬운 말인 표준어로 써야 하고, 같은 값이면 품 있는 문장을 써야겠으니 품 있는 말인 표준어로 써야겠고, 언문의 통일이란 큰 문화적 의의에서 표준어로 써야 할 의무가 있다."라고 이야기한 것처럼, 그리고 중국의 호적(胡適)이 그의 『문학개량추의(文學改良芻議)』에서 '문법에 맞지 않는 글을 쓰지 말 것'이라고 당부한 것처럼 말이다.[19]

응용하기 3 발표를 할 때 무엇보다 중요한 것은 '무엇을', '누구에게', '어떤 목적을 위해' 전달하느냐이다. 여기서 '무엇'은 발표의 주제, '누구'는 발표의 청중이다. 마지막으로 '목적'은 여러 가지가 있을 수 있지만, 간단하게 제시하면 '설득하거나', '설명하거나', '공감을 유도하거나'의 세 가지라고 할 수 있다. 이러한 점을 고려하여, 아래 표를 이용해 발표를 들을 청중에 대해 생각해 보자.

1. 청중의 나잇대는 어느 정도인가?(예: 20대……)	
2. 청중의 학력 수준은 어느 정도인가?(예: 대학 재학……)	
3. 청중의 성별 구성은 어떠한가?	
4. 청중의 발표 주제에 대한 친숙도는 어떠한가?(예: 친숙하다, 낯설다……)	
5. 청중의 규모는 어느 정도인가?(예: 40명……)	
위의 다섯 가지 외에 청중과 관련해 고려해야 할 사항이 있다면, 아래에 정리해 봅시다.	

응용하기 4 발표를 들어줄 청중에 대한 대략의 분석이 끝났다면, 이제는 이 청중이 흥미를 가질 만한 주제에 대해 고민할 차례이다. 발표 주제를 결정할 때 고려할 조건은 다음과 같다. 첫째, 청중이 이 주제를 쉽게 이해할 수 있을 것인가? 둘째, 청중은 이 주제에 흥미를 가질 수 있을 것인가? 셋째, 주어진 발표의 시간 내에 적절히 전달할 만한 내용인가? 이 세 가지를 고려하여 발표의 주제를 결정해 보자.

발표 주제	
주제를 결정하게 된 이유	

응용하기 5 다음 단계는 '발표의 목적'을 구체화하는 단계이다. 발표의 목적은 여러 가지가 있지만, 그 중에서도 세 가지에 주목해 보자. 바로 정보를 전달할 것인가, 주장을 받아들이게 할 것인가, 아니면 공감을 유도할 것인가가 그것이다. 1부에서는 '설명'의 방법을 다루고 있으므로 정보를 전달하는 목적으로 주제를 주제문으로 발전시켜 보자.

주제문	

더 알아보기

글의 목적에 따라 주제문의 형식이 달라지듯이 발표도 목적에 따라 발표 주제문의 형식이 달라진다. 예를 들면 다음과 같다.

주제	첨성대

목적	주제문
설명	첨성대는 신라 시대 천문 과학 기술 발전의 극치를 보여주는 문화재이다.
설득	신라 시대 최고의 문화재 중 하나인 첨성대를 세계문화유산으로 등재해야 한다.
공감 유도	벚꽃이 흩날리는 봄의 첨성대의 모습은 경주의 아름다움을 느끼게 해준다.

3.2. 발표문 작성하기

응용하기 6 [응용하기 1~5]의 작업을 바탕으로 10분 정도의 발표를 위한 발표 계획서를 작성해 보자. 발표는 도입, 전개, 마무리의 3단 구성으로 구성하고, 각 단계의 발표 소요 시간도 고려해 발표할 내용을 계획해 보자.

발표 계획서	
발표 일시	20 년 월 일 요일 시 분~시 분
발표 순서	

발표 장소	
발표 주제	
발표 팀명(팀원명)	
발표 목적	
청중의 특징	
발표 소요 시간	

발표 전략	사용 매체	
	보조 자료	

발표 구성 및 내용 계획 (발표 소요 시간)	구분	발표할 내용 계획
	도입(분)	
	전개(분)	
	마무리(분)	

발표 업무 분담 계획	

더 알아보기

아래의 발표 계획서는 '대학 생활에서 목표를 설정하는 것의 중요성'이란 주제에 대한 발표 계획서이다. 발표 일시 등 발표와 관련된 상황 정보를 계획서에 담았으며, 도입, 본론, 마무리의 3단 구성으로 발표를 계획하였다. 또한 실제 경험을 바탕으로 대학 생활의 목표 설정의 중요성을 소개하고자 하는 발표 목적을 구체화하기 위한 발표 내용 계획도 포함하고 있다.

발표 계획서	
발표 일시	○○○○년 ○○월 ○○일 ○요일 ○○시 ~ ○○시
발표 순서	첫 번째
발표 장소	○○○
발표 팀원명	○○○, ○○○, ○○○, ○○○
발표 목적	목표를 세워 대학 생활을 한 대학생들의 실제 경험을 바탕으로 대학 생활에서 목표를 설정하는 것의 중요성에 대해 소개하고자 한다.
발표할 대상(청중)	대학생 청중 50명 이상 〈고려 사항〉 1) 대학 생활과 밀접하게 관련된 주제이므로 대학생의 공감을 유도할 수 있는 이야기를 찾는다. 2) 지루할 수도 있는, 교훈적인 이야기이므로 흥미로운 표현 방식을 구상한다.
발표 소요 시간	10분 이내
발표 전략 · 사용 매체	① 슬라이드 재생이 가능한 컴퓨터(스피커 필요 없음) ② 슬라이드
발표 전략 · 보조 자료 제작	슬라이드 제작-사진 위주
발표 구성 계획 (발표 소요 시간)	3단 구성 1) 도입(2분): 문제 제시 2) 본론(6분): 대학 생활에서 목표가 필요한 이유(경험과 함께 소개) 3) 마무리(2분): 내용 정리 및 주장 강조

발표 내용 계획	1) ○○일 ○○시까지 아래의 작업을 분담하여 완료하기
	  - ○○○, ○○○: 학과 친구들의 대학 생활 점검해 보기
	  - ○○○: 목표가 있는 대학 생활과 없는 대학 생활 조사하기
	2) ○○○: ○○일 ○○시까지 1)의 조사 결과를 종합하여 개요문 작성하기-서론, 본론, 결론으로 10개 작성할 것
	3) ○○일 ○○시까지 2)의 개요문으로 각자 문단 작성하기
	4) ○○○: 3)에서 집필한 문단을 수합해서 전문 원고로 다듬기
	5) ○○일 ○○시부터 ○○시까지 발표 원고 함께 읽고 고치기
	6) ○○○, ○○○: ○○일 ○○시까지 슬라이드 제작하기
	7) ○○일 ○○시에 ○○에서 모여 발표 연습하기-발표자 정하기
	8) 발표 후 ○○에 모여 발표 평가하기

토응용하기 7 발표 원고를 작성하기 전에 발표 개요를 작성하면, 발표 원고를 좀 더 효율적이고 체계적으로 작성할 수 있다. 발표 개요에는 핵심어 메모식의 화제 개요와 평서문 형식의 문장 개요가 있다. 아래의 표를 활용해 앞에서 정한 주제문을 효과적으로 설명할 수 있는 발표 개요를 작성해 보자.

	화제 개요	문장 개요
도입		
전개		
마무리		

💡 더 알아보기

일반 글에서 문장 개요가 문단의 중심 문장인 것처럼 발표를 위한 개요도 발표할 내용 단위의 중심 문장으로 발표 내용을 쪼개서 작성하면 된다. 발표 개요의 수는 발표 소요 시간을 고려하여 구성하도록 한다. 발표를 위한 개요는 핵심어 위주의 화제 개요와 문장으로 표현하는 문장 개요로 나눌 수 있다. 아래에 제시한 예시는 화제 개요와 문장 개요의 예이다. 문장 개요는 화제 개요보다 구체적으로 작성하기 때문에 발표 원고 작성 시 바로 활용할 수 있다는 장점이 있다. 문장 개요로 발표 개요를 작성할 경우에는 10분의 발표 시간이 주어질 경우, 10개 정도의 개요 문장을 준비하면 적당하다. 사람은 1분에 125단어, 즉 대략 한 단락 정도에 해당하는 단어를 말할 수 있다고 알려져 있기 때문이다.

	화제 개요	문장 개요
도입	문제 제기: 책, 많이 읽고 있는가? 문제 제기의 배경: ① 대학 입학 때의 계획 소개 ② 같이 읽는 책 읽기 방법의 발견	대학 입학 후에 책을 열심히 읽고 싶었다. 혼자 책 읽기가 힘들어서 같이 책을 읽는 방법을 생각했다.

전개	해결책 제시: 독서 멘토링 프로그램 참가 설명 ① 독서 멘토링 프로그램이란? 설명 ② 독서 멘토링 프로그램의 진행 방법 설명 ③ 독서 멘토링의 장점 1 설명 ④ 독서 멘토링의 장점 2 설명 ⑤ 독서 멘토링의 장점 3	교내에 독서 멘토링 프로그램이 있다. 독서 멘토링은 여러 사람이 함께 책을 읽는 모임이다. 책을 읽고 책의 내용에 대해 함께 토론하고, 독후감을 쓰는 프로그램이다. 첫 번째 장점은 다양한 분야의 책을 접할 수 있다는 점이다. 두 번째 장점은 마인드 맵과 같은 방법으로 책을 재미있게 읽을 수 있다는 점이다. 세 번째 장점은 1분 스피치란 방법을 통해 내가 읽은 책의 내용을 내 것으로 만들 수 있다는 점이다.
마무리	독서 멘토링이 나에게 준 것	독서 멘토링 프로그램은 함께 책을 읽으면서 책 읽기의 즐거움을 알려주는 프로그램이다.

응용하기 8 앞서 작성한 문장 개요가 한 문단의 중심 문장이라 생각하고, 발표 계획서에서 계획한 발표 시간을 고려해 발표 전문(全文) 원고를 작성해 보자.

	발표 원고
도입	

전개	
마무리	

 더 알아보기

아래는 '함께 읽는 책 읽기의 즐거움'이란 주제로 작성된 발표 전문(全文) 원고이다. 발표 원고에는 메모식의 발표 원고도 있지만, 발표할 내용을 문장화한 원고도 있다. 이러한 발표 원고의 형식을 전문 원고라고 한다. 발표를 위한 전문 원고는 하나의 시나리오라 생각하고 작성하면 좋다. 시나리오에는 연기자의 동선, 표정, 억양, 필요한 도구 등이 포함되어 있다. 따라서 발표를 위한 원고에도 이러한 내용을 담으면 발표의 실제성을 고려해 발표를 준비할 수 있다. 또한 말하기를 위한 원고이므로 발표 원고의 문장은 '구어체'가 적당하다.

(청중을 향해 허리를 숙이며) 안녕하세요? (고개를 들고 손을 들며, 자신을 가리킨다.) 저는 새내기 대학생 ○○○입니다. 대학교에 입학한 지가 어제 같은데 벌써 연말입니다. (팔을 청중 쪽으로 내밀며)자, 질문 하나만 하겠습니다. 여러분, 대학에 입학한 후 지금까지 책, 몇 권이나 읽으셨어요? (위로 손을 들며) '솔직히 난 책 좀 읽었다.'라고 하실 수 있는 분이 몇 분이나 계실까요?

(슬라이드의 대학 그림과 책 그림을 가리키며)저도 대학에 입학할 때의 계획은 거창했습니다. (손으로 1을 만들어 제시한다.) 1주일에 교양서 1권은 꼭 읽어야지! 저는 이 계획도 소박하다고 생각했습니다. (손을 내리며 풀 죽은 표정으로) 그런데 연말인 (자신을 가리킨다.) 지금, 저는 반성하고 있습니다. (청중 쪽으로 팔을 내밀며) 여러분도 학교 공부를 핑계로, 친구들과의 약속을 핑계로 독서를 미루시지는 않으셨나요? 혹은 책을 아예 가까이 하지 않으신 분들도 계실 것 같다는 생각이 듭니다. (양 팔을 들어 손가락으로 1을 만들며) 한 달에 한 권 읽기도 막상 실천하려 하니 정말 힘들었습니다. 그런데요, 책 읽기, (잠시 쉰다.) 만약 혼자 읽기가 아니라면 어떨까요?

(자신을 손으로 가리키며) 저는 폭넓은 사고를 하는 데는 독서가 제일 좋은 방법이라고 생각했습니다. 그래서 한 학기를 그냥 보낸 후 (오른손으로 왼쪽부터 오른쪽까지 가로지르며), 어떻게 하면 책을 읽을 수 있을까, (머리를 가리키며) 다양한 방법을 고민해 보았습니다. 제가 선택한 방법이 무엇이었을까요? (양팔을 모으며) 바로 사람들과 모여 함께 책을 읽는 것이었습니다. (슬라이드의 포스터 그림을 가리키며) 여러분! 혹시 강의 들으러 가면서 이런 포스터 많이 보시지 않았나요? 제가 발견한 것이 바로 이것입니다. 층마다 붙어 있는 '독서 멘토링' 포스터입니다. 저는 이 '독서 멘토링'을 신청하여 (손가락으로 1을 만들며) 일주일에 한 번씩 책 읽기 친구들을 만나고 있답니다. (같이 읽었던 책을 한 권 손에 들고) 우리 멘토링 모임은 책을 한 권 선정해 함께 읽습니다. 그냥 읽기만 하나요? 아닙니다. (멘토와 멘티가 토론하는 장면을 담은 사진을 가리키며) 멘토와 멘티가 함께 읽은 책의 내용에 대해 토론도 하며 생각을 나누곤 하지요. (목소리를 낮추며) 그런데 저는 이 멘토링에서 신기한 경험을 했습니다. 같은 책을 읽어도 사람마다 느끼는 생각은 다르더라는

거죠. 똑같은 책을 읽더라도 생각지도 못한 부분에서 (다른 사람 목소리를 흉내 내며) '이런 생각을 했다.'라는 친구의 의견을 듣다 보면 '생각의 깊이와 넓이는 정말 무궁무진하구나.'라는 생각이 저절로 든답니다.

사실 처음 멘토링에 참가한 이유는 혼자서는 책을 너무 안 읽어서였습니다. 하지만 멘토링에 참가해 보니 제가 생각했던 것보다 훨씬 (높은 음조로 강조하며) 효율적인 부분이 많았어요. 여러분은 혹시 책을 읽으려고 서점이나 도서관을 가면 나도 모르게 평소 관심 있는 분야에서만 책을 고르려고 하지 않으신가요? 그런 사소한 책 선정의 과정에서도 전 독서 멘토링의 도움을 받았습니다. 독서 멘토링 덕분에 그 동안 관심을 가지지 못했던 분야의 책을 접할 수 있었거든요.

(즐거운 목소리로) 그리고 저는 독서 멘토링 덕분에 책 읽기가 더 즐거워졌습니다. 저희 멘토링 팀이 함께하는 책 읽기를 더 즐겁게 만든 방법을 소개하겠습니다. 바로 마인드 맵과 1분 스피치인데요. (마인드 맵 종이를 들고 보여주며) 먼저, 마인드 맵. 많이 들어보셨죠? 글쓰기 1 시간에 배웠던 '생각지도'가 바로 마인드 맵입니다. '책을 읽고 무슨 마인드 맵을 그리나?'라는 생각, 드실 수 있어요. 하지만 꼬리에 꼬리를 문다는 말이 이 마인드 맵에 딱 맞습니다. 마인드 맵 활동을 통해서 독자의 사고가 굉장히 많이 넓어지기 때문이지요. 마인드 맵을 그릴 때 맨 처음 하는 일이 종이 한가운데 생각을 시작할 단어, 즉 주제어를 결정하는 일입니다. 그리고 그 곳에서 다섯 가지 정도 생각 가지를 친 뒤 끝없이 내 생각을 적어 나가면 되는 것이지요. 어때요? 쉽지 않나요? 이 활동은 답도 없습니다. 그러다 보니 오히려 흔하지 않은 생각들이 나온답니다. "나도 이렇게 창의적이고 생각이 살아있구나."란 느낌을 받을 수 있어요. 또 책을 읽고 마인드 맵을 그리다 보면 그냥 지나칠 수 있는 부분에서도 깊게 고민하며 좀 더 깊고 다양한 생각을 할 수 있지요.

(손으로 1을 만들며 자신 있는 목소리로) 다음으로 1분 스피치입니다. 저희는 책을 읽고 나서 자신이 인상 깊었던 책의 내용에 대해 자기 생각을 표현하는 시간을 가졌습니다. 바로 1분 동안이요. 1분, 짧을 것 같으시죠? 아닙니다. 사실 짧으면 짧고 길면 정말 긴 시간입니다. 처음에는 1분 스피치가 독서 멘토링을 두렵게 만들었지만, 내가 읽은 부분에 대한 느낌을 말로 표현하다 보니 그것이 점점 즐거워지기 시작했습니다. 제약 없이 의견을 표현하다 보니 생각을 체계적으로 정리해 말하는 능력이 길러졌기 때문이지요. (양팔로 자라는 제스처를 취하며) "어느새 내가 이만큼 생각이 자랐나?", 바로 독서 멘토링 덕분이었습니다.

(슬라이드 이지성의 사진을 가리키며) 여러분, 독서 멘토이자 베스트셀러 작가이신 이지성 선생님은 (흉내 내듯이) "새로운 독서의 관점을 즐겨라! 입시 공부 스타일의 독서 습관을 버리자!"라는 말씀을 하셨습니다. 책을 안 읽게 되는 건 그 속에서 재미를 못 찾았기 때문입니다. 그러니 책에 재미를 붙일 수 있는 활동을 찾아보는 건 어떤가요? (정리하는

> 제스처로) 지금까지 소개한 독서 멘토링, 그리고 멘토링에서 함께한 마인드 맵과 1분 스피치는 저와 책을 친해지게 해주었습니다. 아마 독서 멘토링 프로그램이 끝나도 저는 이 사람들과 함께 책을 읽자고 조를 겁니다. 여러분, 처음 대학에 입학할 때, "책벌레가 될 테야!" 했던 결심이 지금 부끄러워졌다면! 어떠세요? 함께하면 책 읽기도 즐거워집니다. 감사합니다. (허리를 숙이며 인사한다.)
>
> 〈학생 글〉

응용하기 9 발표 원고를 시간 단위의 '장면'으로 나눠서 장면마다 필요한 발표 보조 자료를 계획해 보자.

슬라이드 내용 또는 필요한 보조 자료	발표 내용
제목	

1부. 설명과 발표

 더 알아보기

발표 보조 자료가 없을 때와 있을 때의 청중의 발표에 대한 이해도의 차이는 43% 이상이라고 한다. 물론 발표 보조 자료가 있는 경우가 청중의 발표에 대한 이해도가 더 높다. 이렇게 발표를 이해하는 데 도움을 줄 수 있는, 발표 보조 자료로는 파워포인트나 프레지 등의 시청각 자료 작성 프로그램을 활용한 '슬라이드'가 있다.

아래에 제시한 예는 발표 내용과 관련된 실제 물건을 제시하며 발표의 전달력을 높이고 있는 예이다. 발표 내용의 밑줄 친 부분처럼 발표자는 발표 도입부에서 상자를 제시하며 청중의 흥미를 유도한다. 그리고 첫 번째로 초코파이 과자 상자를 꺼내며 이야기를 시작한다. 그냥 세 가지 이야기를 하겠다고 말로만 표현하는 것보다는 실제 상자를 제시하고, 상자 속에 든 세 가지 물품을 이용하여 청중의 반응을 이끌어 내고자 한 것이다.

발표 장면	발표 내용
	다른 지원자와는 달리 **웬 상자**를 갖다 놓으니까 이게 뭔가 싶으시지요? 지금 **이 안에는 지금의 저를 있게 한 세 가지가 들어 있습니다.** 오늘 저는 이 세 가지에 얽힌 각각의 이야기를 여러분께 전해드리려고 합니다.
	그 중 첫 번째 이야기는 이 **초코파이**에 관한 이야기입니다. 여러분은 이 초코파이를 보면 가장 먼저 뭐가 생각나시나요? 어, 예, 맞습니다. 보통 군대나 '정'이에요. 보통 군대나 정을 많이 생각하세요. 그런데 저 같은 경우는 조금 특이하게도 여행이 생각납니다.

출처: Presentation Standard와 UCAN이 주관한, 제3회 전국 대학생 프레젠테이션 대회의 대상 수상자인 '드림빌더(정만택)'의 '나를 있게 한 세 가지'란 제목의 발표 장면

아래의 체크 항목은 발표를 보조하기 위한 '슬라이드' 작성 시 고려해야 할 사항들이다. 아래의 사항을 참고해서 발표를 위한 슬라이드를 작성해 보자.

1. 음성언어의 어떤 점을 보완하기 위한 자료인가?	슬라이드는 청중의 이해도를 높이거나 흥미를 높이기 위해 사용한다. 발표자의 의도를 강조 또는 강화하기 위해서 사용하기도 한다.
2. 음성언어에서 제시할 내용을 그대로 슬라이드에 제시하고 있지는 않은가?	발표의 주인공은 발표자이지 청중이 아니라는 사실을 명심해야 한다.
3. 슬라이드 하나에 여러 가지 중심 내용이 담겨 있지는 않은가?	하나의 슬라이드에 하나 이상의 중심 내용이 들어가게 된다면, 발표의 전달력이 떨어진다.
4. 청중이 보기에 슬라이드의 글자 크기나 모양이 적절한가?	글자 크기의 경우, 제목은 45포인트, 소제목은 30포인트, 내용은 18~22포인트 정도가 좋다. 글자 모양의 경우, 고딕 계열이 적당하다.
5. 슬라이드에 담긴 글자의 수는 적절한가?	슬라이드에 담긴 글자의 수는 '청중'이 보기에 적절해야 한다.
6. 슬라이드에 사용된 색깔의 수나 무늬는 적절한가?	슬라이드 배경, 글자, 이미지의 색상이 적절하게 구성되어야 한다. 슬라이드의 무늬가 현란할 경우, 가독성이 현저히 떨어질 우려가 있다.

7. 슬라이드에 사용된 사진의 수나 크기는 적절한가?	슬라이드에 사용되는 사진의 수나 크기는 청중이 보기에 '적절'해야 한다.
8. 애니메이션이나 음향 효과가 적절히 사용되었나?	애니메이션과 음향 효과는 '적절'해야 한다. 이런 요소들이 너무 과도하게 사용되지는 않았는지 점검해 봐야 한다.

3.3. 발표와 평가하기

응용하기 10 지금까지 준비한 발표를 성공적으로 수행하기 위해 발표 전에 점검해야 할 목록을 작성해 보자.

예)
1) 발표 계획과 발표 수행이 일치하는지의 여부를 연습을 통해 점검한다.
 - 발표 계획 시간과 실제 소요 시간의 일치도
 - 발표 보조 자료의 점검
  (청중이 이해하기 쉽게 구성되었는지, 맞춤법 등의 표현은 정확한지의 여부 점검)
 - 청중의 질의 내용에 대한 예상과 답변 준비
2) 발표장을 점검한다.
 - 발표 관련 기자재의 작동 여부
 - 발표 보조 자료의 준비와 구동 여부
 - 청중의 위치

발표 점검표	
발표 연습	
발표 수행	

1부. 설명과 발표

응용하기 11 발표자로서 자신의 발표를 스스로 반성하고 평가하는 것은 자신의 발표 능력을 발전시키는 데 도움이 된다. 아래의 '자기 평가서 작성을 위한 질문'을 참고하여 자신의 발표를 평가해 보고, 이를 바탕으로 자기 평가서를 작성해 보자. 자기 평가서에는 발표 동기와 같은 발표 준비에서부터 수행까지의 과정을 모두 포함하고 자신의 발표의 장단점, 앞으로의 계획을 포함하도록 한다.

방법	1) 아래의 자기 평가서 작성을 위한 질문에 답해 본다. 2) 통일성, 완결성, 긴밀성의 문단 작성 조건을 고려하여 1)에서의 답변을 한 편의 글로 작성한다. 1)에서의 답변 하나를 한 문단의 중심 문장으로 생각하면 좋다.

자기 평가서 작성을 위한 질문	
발표 준비면	이 발표를 준비하게 된 동기는 무엇이었는가? ➡
	발표 동기에 따라 발표 계획(주제, 목적, 내용)이 적절하게 수립되었는가? ➡
	준비 과정에서 청중을 적절하게 고려하였는가? ➡
	발표 준비가 발표 계획에 맞게 제대로 수행되었는가? ➡
	(팀 발표일 경우) 발표 준비 과정이 협력적이었는가? ➡
발표 수행면	발표가 발표 계획에 따라 적절하게 수행되었는가? ➡
	발표 주제와 내용은 청중이 이해하기에 적절하게 구성되었는가? ➡
	발표자의 표현(음성, 태도)은 적절하였는가? ➡
	보조 자료는 발표 내용에 맞게 효과적으로 제시되었는가? ➡

발표 수행면	발표 시 청중의 반응은 어떠하였는가?	
	➡	
	청중과 적절하게 교류하며 발표를 수행하였는가?	
	➡	
	청중에게 발표 내용이 정확하고 인상적으로 전달되었는가?	
	➡	
	청중의 질의에 대해 효과적으로 대응하였는가?	
	➡	
내가 생각하는 내(우리) 발표의 장점과 단점		
발표와 관련한 앞으로의 계획		

응용하기 12 청중의 입장에서 발표를 듣고 다음의 평가 기준에 따라 발표를 평가해 보자.

분류	발표 평가표			
내용	발표 주제	발표 주제의 적절성	적절	보통	부적절
		발표 주제의 유용성	높음	보통	낮음
		발표 주제의 흥미도	높음	보통	낮음
	내용 전개	발표 내용의 논리적 구성	적절	보통	부적절
		발표 내용의 주제와의 관련성	높음	보통	낮음
		발표 내용의 유용성	높음	보통	낮음
	효과적인 도입	발표 도입의 구성상 적절성	적절	보통	부적절
	효과적인 마무리	발표 마무리의 구성상 적절성	적절	보통	부적절
	적절한 보조 자료	발표 내용과의 관련성	높음	보통	낮음
		표현과 구성면에서의 적절성	적절	보통	부적절
표현	발표 시간	전체 소요 시간의 적절성	적절	보통	부적절
		구성면에서 시간 배분의 적절성	적절	보통	부적절
	발표 태도	청중에 대한 시선의 적절성	적절	보통	부적절
		청중에 대한 표정의 적절성	적절	보통	부적절
		동작과 동선의 적절성	적절	보통	부적절
		자신감 여부	높음	보통	낮음
		청중과의 교류 정도	높음	보통	낮음
		질의에 대한 대응의 적절성	적절	보통	부적절
	발표 음성	표준어와 표준 발음 사용의 적절성	적절	보통	부적절
		억양, 어조의 적절성	적절	보통	부적절
		채움 말의 사용 정도	높음	보통	낮음
		발표 속도의 적절성	적절	보통	부적절
발표의 장점					
발표의 개선점					

응용하기 13 좋은 청중은 발표자의 발표에 집중하고, 적극적으로 호응하며 발표 내용을 이해하고자 노력한다. 발표자의 입장에서 자신이 좋은 청중이었는지를 다음의 평가 기준에 따라 평가해 보자.

기준	평가 내용			
집중	발표자의 발표에 정신을 집중하여 들었다.	그렇다	보통이다	그렇지 않다
호응	발표자의 발표에 적극적으로 호응하였다.	그렇다	보통이다	그렇지 않다
이해	발표를 이해하기 위해 메모와 같은 적극적인 노력을 하였다.	그렇다	보통이다	그렇지 않다
	발표 내용에 대해 궁금한 점을 적극적으로 질문하였다.	그렇다	보통이다	그렇지 않다

3.4. 즉흥 말하기

응용하기 14 즉흥적인 말하기 중 하나인 PR 프레젠테이션은 자신을 홍보하기 위한 목적의 말하기이다. PR 프레젠테이션의 성패는 자신을 얼마나 객관적으로 보느냐에 달려 있다. 지금까지 살펴본 발표의 형식과 방법을 바탕으로 아래의 주제 중 하나를 택해 '나'를 홍보하는, 즉흥 말하기를 준비해 보자.

방법	1) 즉흥적 말하기를 준비하기 위해 아래의 빈칸에 관련 내용을 메모해 본다. 2) 제시된 주제를 먼저 설명하고, 이어서 내가 그렇게 설명한 이유를 정리한다. 3) 통일성, 완결성, 긴밀성의 문단 작성 조건을 고려하여 1)~2)의 답변을 한 문단의 글로 작성한다. 4) 주제별로 10~20분간 즉흥적 말하기를 준비해 본다.

① 나의 장점 세 가지와 약점 세 가지를 메모한 후, 이를 바탕으로 3분 말하기를 해 보자.

나의 장점 1	
장점 1의 이유	
나의 장점 2	
장점 2의 이유	
나의 장점 3	
장점 3의 이유	
나의 약점 1	
약점 1의 이유	

나의 약점 2	
약점 2의 이유	
나의 약점 3	
약점 3의 이유	
한 문단으로 만들기	

② 나만의 건강관리 방법에 대해 메모한 후, 이를 바탕으로 3분 말하기를 해 보자.

나만의 건강 관리 방법	
나만의 건강 관리 방법을 만든 이유	

한 문단으로 만들기	

③ 아래의 빈칸에 '나'에 대한 다양한 정보를 메모하고, 이를 바탕으로 '나'에 대해 3분 동안 PR해 보자.

나에 대한 정보	
나에 대한 정보를 위와 같이 쓴 이유	
한 문단으로 만들기	

📋 **응용하기 15** [응용하기 14]의 PR 프레젠테이션을 할 때, 보조 자료가 있으면 어떨지 생각해 보자. 주제마다 어떤 보조 자료가 있으면 좋을지 각 보조 자료는 프레젠테이션에 어떤 효과를 줄지를 생각해 보자.

주제	보조 자료	기대 효과
나의 장점 세 가지, 약점 세 가지		
나의 건강 관리 방법		
나를 PR하기		

📋 **응용하기 16** 위에서 즉흥적 말하기를 준비하기가 어려웠다면 다음의 방법을 활용해서 나를 소개하는 말하기를 준비해 보자. 나를 한마디로 간단하고 명쾌하게 표현해 보고, 이에 대한 이유를 덧붙이는 것이다. 이를 총 네 번 진행한 다음, 이들을 연결해 다듬으면 간단한 소개문을 완성할 수 있다. 마지막에 제시한 [마무리]는 앞의 네 마디의 내용을 요약해 강조하는 부분이다. 다음의 [예시]를 참고하여 네 마디로 '나'를 표현해 보자.

[예시]

네 마디로 '나'를 표현하기		
항목	한마디로 표현하기	이유
나의 **성장 과정**	풍요 속의 빈곤	부유했지만, 확실한 꿈이 없었기 때문
나의 **성격**	무겁지만 가벼움	때때로 진중하지만, 가끔 날아갈 듯 가볍기 때문
나의 **학창 시절의 특징**	벼락치기	공부나 숙제를 미리미리 한 적이 없었기 때문
나의 **꿈**	귀여운 뽀미 언니	아이를 좋아하는 꿈을 따라 입학한 유아교육학과를 마친 후 멋진 유치원 선생님이 되고 싶다.
[마무리] **미래를 준비하는 나의 모습**	미래를 위해 현재를 달리는 사람	미래의 꿈인 유치원 선생님을 위해 현재 유아교육학과에서 열심히 공부하고 있다.
➡ 연결하기	[도입] 저는 ○○○입니다. **저의 성장 과정은 '풍요 속의 빈곤이었습니다.'** 경제적으로는 부유했지만, 확실한 꿈이 없어 정신적으로는 빈곤했기 때문입니다. 하지만 지금은 이 정신적 빈곤을 사회적 관계로 극복하고 있습니다. **저는 '무겁지만 가벼운' 성격을 가지고 있습니다.** 남들은 저를 정말 진중해 보인다고 합니다. 하지만 저는 가끔 날아갈 듯 가벼운 제 성격을 정말 잘 알고 있습니다. 그래서 항상 조심하려고 노력합니다. **저의 학창 시절은 한마디로 '벼락치기의 연속'이었습니다.** 학교 공부나 숙제를 제때 미리 한 적이 한 번도 없었기 때문이지요. 마감 시간이 다가올 때의 그 두근거림은 정말. 그때마다 수명이 줄어드는 느낌이었습니다. 그래서 지금은 뭐든지 미리 하려고 노력합니다. **저의 꿈은 귀여운 뽀미 언니가 되는 것입니다.** 확실한 꿈이 없었던 어린 시절, 저는 제가 아이들을 유난히 좋아한다는 사실을 알았습니다. 이런 저의 특성을 살려 저는 유아교육학과에 입학했습니다. 열심히 공부해 미래에는 멋진 유치원 선생님이 되고 싶습니다. [마무리] 지금까지 풍요 속의 빈곤에 시달리던 어린 시절에서 미래의 멋진 뽀미 언니를 꿈꾸며 현재를 달리는 ○○○였습니다.	

네 마디로 '나'를 표현하기		
항목	한마디	한마디의 이유
[마무리]		
➜ 이유+한마디를 연결		

1	출처: 성재민(2012.12.11.), 글쓰기의 즐거움: 생각 정리의 기술, http://changeon.org/index.php?mid=knowledge&search_target=nick_name&search_keyword=socialplay&document_srl=145679.
2	출처: '동국대학교 파라미타칼리지 글쓰기교재개발위원회(2014), 『글쓰기 2』, 1. 설명하는 글'에서 발췌 및 수정.
3	출처: 성재민(2012.12.11.), 글쓰기의 즐거움: 생각 정리의 기술, http://changeon.org/index.php?mid=knowledge&search_target=nick_name&search_keyword=socialplay&document_srl=145679.
4	출처: 정재승·진중권(2011), 『크로스』, 웅진지식하우스, 123면에서 발췌 및 수정.
5	출처: 한국학중앙연구원, 『한국민족문화대백과』, "성년의 날"에서 발췌 및 수정.
6	출처: 정도언(2014), 『프로이트의 의자』, 웅진지식하우스, 51면에서 발췌.
7	출처: 정유정(2015), 『7년의 밤』, 은행나무, 68면에서 발췌.
8	출처: 제레미 다이아몬드 저, 김진준 역(2005), 『총, 균, 쇠』, 문학사상사, 74~75면 중에서 발췌.
9	출처: 박영규(2014), 『한 권으로 읽는 조선왕조실록』, 웅진지식하우스, 112~113면 중에서 발췌.
10	출처: 베르나르 베르베르 지음, 이세욱·임호경 옮김(2011), 『베르나르 베르베르의 상상력 사전』, 열린책들, 24~25면 중 발췌.
11	출처: 정수복(2007), 『한국인의 문화적 문법』, 생각의나무, 48~49면에서 발췌 및 수정.
12	출처: 김연수(2009), 「네가 누구든, 얼마나 외롭든」, 『세계의 끝 여자친구』, 문학동네, 195면에서 발췌.
13	출처: 애거서 크리스티 저, 유명우 역(2001), 『오리엔트 특급살인』, 해문, 12~13면에서 발췌.
14	출처: 워니 글, 심윤수 그림(2005.12.12.), "우월한 자", 〈골방환상곡〉 8화, 네이버 웹툰, http://comic.naver.com/webtoon/detail.nhn?titleId=15441&no=9&weekday=sun에서 발췌.
15	출처: 아서 코난 도일 지음, 박상은 옮김(2012), 「너도밤나무집」, 『셜록 홈즈의 모험』, 문예춘추사, 448~450면에서 발췌 및 수정.
16	출처: 박완서(2008), 「마흔아홉 살」, 『친절한 복희씨』, 문학과지성사, 82~83면 중 발췌 및 수정.
17	출처: 노희경(2012), 『그들이 사는 세상』, 북로그컴퍼니, 53~54면 중 발췌 및 수정.
18	출처: '동국대학교 파라미타칼리지 글쓰기교재개발위원회(2014), 『글쓰기 2』, 4. 발표를 위한 글'에서 발췌 및 수정.
19	출처: 안미애(2015), 소통을 위한 글쓰기, 『수필미학』, 수필미학사.

2부
설득과 토론

1. 설득을 위한 글의 개념과 작성 방법을 이해하여 자신의 글에 적용할 수 있다.

2. 설득을 위한 글의 구조인 논증을 이해하여 자신의 글에 적용할 수 있다.

3. 설득을 위한 글의 유형들을 이해하여 자신의 글에 적용할 수 있다.

4. 설득하는 글을 활용하여 토론을 할 수 있다.

2부 설득과 토론

 학습 목표

1. 설득을 위한 글의 개념과 작성 방법을 이해하여 자신의 글에 적용할 수 있다.
2. 설득을 위한 글의 구조인 논증을 이해하여 자신의 글에 적용할 수 있다.
3. 설득을 위한 글의 유형들을 이해하여 자신의 글에 적용할 수 있다.
4. 설득하는 글을 활용하여 토론을 할 수 있다.

 생각 나누기

 어떤 경우에 '설득'이 필요한지 이야기해 보자(일상/학교/사회).

 다른 사람을 설득한 경험이 있거나, 설득하려고 시도했을 때 어려움을 겪은 적이 있는지 이야기해 보자.

1) 어떤 경우였는가?

통합적 의사소통 능력을 키우는
통통 글쓰기 2

2) 어떻게 설득했는가? 설득에 어려움을 겪었다면, 어려움을 겪은 이유가 무엇 때문이었는가?

📝 아래의 글은 『유시민의 글쓰기 특강』 중 '취향을 두고 논쟁하지 말라'의 일부분이다. 이 글을 읽고, 다른 사람을 설득하기 위해 나의 주장이 갖춰야 할 조건에 어떤 것이 있는지 생각해 보자.

📝 **내 생각 정리하기**

(생략) 언어는 말과 글이 기본이지만 몸짓도 포함한다. 청각 장애인의 수화도 언어다. 우리는 언어로 소통하고 교감해서 자신과 타인의 마음과 생각을 바꿀 수 있다. 말이든 글이든 원리는 같다. 언어로 감정을 건드리거나 이성을 자극하는 것이다. 감정이 아니라 이성적 사유 능력에 기대어 소통하려면 논리적으로 말하고 논리적으로 써야 한다. 그러려면 논증하는 방법을 알아야 한다. 효과적으로 논증하면 생각이 달라도 소통할 수 있고 남의 생각을 바꿀 수 있으며 내 생각이 달라지기도 한다. (중략)

국제 금융기구 관련 세미나 주간이었다. 점심을 먹은 후에 휴게실에서 뉴스를 보는데 독일 학생 둘이 논쟁을 시작했다. 한 학생은 보수적인 남부 바이에른의 뮌헨에서 왔다. 이 학생을 '뮌헨'이라고 하자. 다른 학생은 북부 항구도시 함부르크에서 왔다. 이 학생을 '함부르크'라고 하자. 우리나라로 치면 뮌헨은 대구와 비슷하다. 함부르크는 인천항 인근 지역이라고 생각하면 좋을 것이다. 논쟁의 발단은 독일 사회민주당(SPD) 전당대회 전야제 행사였다. 50대 당 지도부 인사들이 20대 청년당원들과 테크노댄스를 추는 장면이 텔레비전 뉴스에 나왔다. 귓바퀴에 피어싱을 여러 개 한 여성 당원이 보였다.

"미친 것!"

'뮌헨'이 혼잣말로 욕을 했다. 그러자 '함부르크'가 물었다.

"뭐가?"

"저 피어싱 말이야."

"피어싱이 뭐 어쨌다고?"

"저런 금고리를 열 개나 달고 다닐 돈으로 아프리카 어린이들 학교 보내는 데 후원이나 하면 좋잖아!"

그 말을 들은 '함부르크'가 정색을 했다. '뮌헨'도 소파에서 등을 뗐다. 분위기가 싸해졌다.

"그럼 그냥 귀걸이 한 쌍은 어때?"

"그거야 뭐, 괜찮지."

"그건 왜 괜찮은데? 그 귀걸이 값은 아프리카 어린이를 위해서 기부하면 안 되나?"

"안 될 건 없지만, 귀걸이 하나 하는 거야 이상할 게 없잖아."

"귀걸이 한 개는 정상인데 피어싱 열 개는 비정상이라고? 정상적 장신구와 비정상적 장신구를 나누는 기준이 뭐야?"

논쟁은 그리 오래지 않아 끝났다. '뮌헨'의 패배였다. 두 사람은 '정상적인 귀걸이'와 '미친 피어싱'을 나누는 기준이 없다는 데 합의했고, '뮌헨'은 처음에 했던 욕설을 취소했다. 왜 그런 결론이 났을까? '뮌헨'이 그 욕설에 깔려 있던 가치 판단의 정당성을 논증할 수 없었기 때문이다.[1]

정리하기

✏️ 위의 글에서 '뮌헨'과 '함부르크' 각각의 주장과 근거를 정리해 보자. 그리고 '뮌헨'의 주장을 받아들일 수 없었던 이유에 대해 나의 생각을 이야기해 보자.

※ 2분 정도의 분량으로 이야깃거리를 정리해서 발표해 보자.

✅ **'취향 고백'과 '주장'의 차이는?**

유시민(2015:23-24)은 '뮌헨'과 '함부르크'의 논쟁을 예로 들며, '뮌헨'이 처음에는 취향 고백으로 시작했으나 이 취향을 바탕으로, 주장을 제기하는 바람에 '논증'의 책임이 생겼다고 설명한다. 이렇게 내가 상대방을 설득하기 위한 목적으로 어떤 주장을 하려면, 그 주장이 타당한지의 여부를 검증할 필요가 있다. 그 검증의 방법이 논증이다. 따라서 취향 고백과 주장의 차이는 '논증의 필요성이 있나 없나'의 차이로도 볼 수 있을 것이다.

1. 활동과 분석

➡ 생각 나누기를 통해 '설득'의 필요성에 대해 이야기해 보았다. 이 절에서는 설득을 하기 위해 필요한, 설득의 형식과 방법에 대해 알아보자.

1.1. 설득의 형식 찾기

➕ **함께 찾기 1** 아래의 글은 '주장하는 글'이 어떤 것인지에 대해 설명한 글이다. 아래의 글을 읽고, 다음에 제시된 질문의 답을 찾아보자.

 분석하기

'설득'은 상대편이 이쪽 편의 이야기를 따르도록 여러 가지로 깨우쳐 말한다는 뜻이며, '주장'은 자신의 의견이나 뜻을 굳게 내세우는 것을 뜻한다. 이러한 사전의 뜻풀이로 볼 때, 설득이 주장보다 범위가 넓다고 볼 수 있다. 여기서는 주장을 상대편이 받아들이도록 설득한다는 의미로 '주장하는 글'의 특징과 방법, 그리고 유형에 대해 알아보도록 하자.

주장은 가치 판단이 포함된 것이다. 그렇기 때문에 주장은 반드시 진리 값(참이나 거짓과 같은 가치 판단의 결과)을 가져야만 한다. 사실 우리가 하는 말 중에 많은 말은 참이나 거짓을 포함하고 있지 않다. 예를 들면, 무엇을 알기 위해 하는 질문(지금 몇 시죠?), 친구에게 하는 인사(안녕! 반가워!), 다른 사람에게 하는 명령이나 부탁(문을 닫아! 또는 닫아줘!) 등과 같은 말들이다. 이런 말들을 주장이라고 하지 않는다. 왜냐하면 주장에는 반드시 참이거나 거짓인 내용이 포함되어 있어야 하기 때문이다.

어떤 주장이 제시될 때 우리는 그 주장을 받아들이거나(그것을 참이라고 믿거나) 거부할(그것을 거짓이라고 믿을) 수 있다. 또는 그 주장을 받아들이거나 거부하는 데 필요한 정보가 충분하지 않을 때에는 판단을 유보할 수도 있다. 우리가 어떤 주장을 받아들일지, 거부할지, 유보할지를 결정하기 위해서는 주장을 뒷받침하는 이유나 근거의 타당성을 평가해야 한다. 이렇게 타당성을 살펴보는 사고 과정을 비판적 사고라고 한다.

비판적 사고를 할 때는 제시된 주장의 이유나 근거를 살펴야 한다. 이유나 근거가 객관적이고 상대편을 설득하기에 충분하면, 그 주장은 논리적이며 타당하다. 즉, 설득력이 높다. 그러나 반대의 경우는 비논리적이며 설득력이 낮다. 따라서 주장하는 글이 설득력을 지니려면 상대편이 받아들이기에 적절하고 객관적인 근거가 주장과 함께 제시되어야 한다.

어떤 주장에 대해 이유나 근거를 제시하면서 그 주장이 옳음을 증명하는 것을 논증이라고 한다. 논증은 추론의 형식을 취하지만, 내가 입증해야 할 '주장'이란 결론이 이미 있다는 점에서 추론과는 차이가 있다. 독자를 설득하기 위해서는 글쓴이의 주장이 명료해야 하고, 주장에 대한 근거가 적절하게 드러나게 글을 써야 한다. 이를 위해 주장에는 적절한 논증이 필요하다. 논증은 주장(결론)과 하나 이상의 근거(전제), 그리고 주장이 옳음을 증명하는 과정으로 구성된다.[2]

과제 1. 각 문단의 중심 문장을 찾아 아래의 표에 기록해 보고, 찾아낸 중심 문장이 문단의 어느 부분에 위치하고 있는지 말해 보자.

문단 번호	중심 문장	위치(앞, 중간, 끝)
1문단		

과제 2. 중심 내용을 고려하여 위의 글에 제목을 붙여 보자.

제목	

과제 3. 아래의 [더 알아보기]에 제시된 참고 자료와 위의 글을 바탕으로 상대방을 설득하는 글을 쓸 때 고려할 점이 무엇인지에 대해 모둠별로 토론해 보고, 그 결과를 논설문으로 작성해 보자.

'설득하는 글을 쓸 때 고려할 것'을 주제로, 논설문을 작성해 보자.
– 주제: 설득하는 글을 쓸 때 고려할 것 – 분량: 1문단(250~300자) 이상 – 문단의 형식: 두괄식 형식

1) 주제문 쓰기:

2) 논설문 쓰기:

더 알아보기

1) 문단의 형식: 두괄식, 미괄식, 양괄식
중심 문장이 문단의 어느 부분에 위치하느냐에 따라 독자가 글에 집중하는 정도에 차이가 있을 수 있다. 대체로 두괄식은 새로운 정보나 주장(결론)을 제시할 때, 미괄식은 제시한 정보나 주장(결론)을 요약할 때, 양괄식은 새로운 정보나 주장(결론)을 제시하고 요약하여 강조할 때 주로 사용한다.

2) 글의 구조: 3단 구조
처음-중간-끝의 3단 구조는 일반적으로 독자들에게 가장 익숙한 구조로, 논제(논점)와 주장(결론)에 대한 도입, 주장(결론)에 대한 내용적 타당성을 제시하는 근거(논거) 제시, 주장(결론)한 내용에 대한 요약과 정리에 유용한 구조이다.

3) 문장의 표현 방식: 논증

논증적인 글을 쓰는 목적은 어떤 문제에 대해 글쓴이의 주장을 밝힘으로써 독자를 설득하는 것이다. 독자를 설득하기 위해서는 글쓴이의 주장이 명료해야 하고, 주장에 대한 논거가 적절해야 한다.

논증이란 어떤 생각이나 주장의 타당성을 논리적으로 증명하는 일이다. 논증은 기본적으로 전제(논거)와 결론(주장, 논지)으로 이루어진다. 하지만 논증에도 좋은 논증과 나쁜 논증이 있다. 좋은 논증을 할 수 있어야 독자를 설득할 수 있으며, 이는 글쓴이의 주장에 대한 객관적이고 타당한 논거가 제시될 때에만 가능하다.

논증의 형식을 취하는 대표적인 장르의 글은 논설문이다. 논설문은 두괄식으로 작성하면 좋다. 독자들이 글쓴이의 주장에 처음부터 주의를 기울이게 만들기 용이하기 때문이다. 두괄식 구성의 예를 들면 다음과 같다. 먼저 글의 맨 처음에 글쓴이의 생각(주장, 결론)을 담은 주제문을 쓴다. 다음에는 '왜냐하면 ~이기 때문이다'라는 형식으로 주장에 대해 타당한 이유를 쓴다. 그 다음에는 구체적인 사실이나 실증 자료 등과 같은 예시를 객관적이고 신뢰할 수 있는 근거로 제시한다. 마지막으로 이유와 주장을 적절히 요약하여 마무리한다.

생각 풀기 1 1부에서 살펴본 단계적 구성 방식과 포괄적 구성 방식을 고려하여 아래의 과제를 해결해 보자.

과제 1. 아래의 글은 1부에서 살펴본 단계적 구성 방식 중 어떤 구성 방식에 해당하는지 생각해 보자. 그리고 이러한 단계적 구성 방식을, 3단 구성을 중심으로 서로 비교해 보고 각 단계의 특징이 무엇인지 생각해 보자.

학연, 혈연, 지연에 사로잡힌 우리의 문화가 사회 발전을 가로막는 부패의 고리가 된다. 젊은 시절 교육청에 볼일이 있어 담당 부서 장학사를 만나면 내가 졸업한 대학을 묻지도 않고 "A대학교 나오셨지요?"라고 묻는다. B대학을 나온 나는 대답이 망설여지고 사무실을 나온 뒤 무엇인가 불리함이 자리할 것 같은 찝찝한 마음이다.

고등학교까지의 실력은 자신의 노력도 중요하겠지만 가정 환경과 초·중학교에서 누적된 학습량이 성적의 절대 기준이 되는 것이다. 이에 따라 대학도 결정된다. 그런데 대학이란 곳은 고등학교와는 달리 축적된 지식이 그렇게 중요하지 않고 대학 생활에서 자신이 노력한 만큼의 대가가 나오는 곳이다. 소위 2·3류 대학을 나왔지만 열심히 공부하여 1급 대학원에 진학하여 자신이 원하는 직장을 얻는 대학생들이 얼마나 많은가? 소위 명문 대학을 나왔지만 직장도 못 얻고 얻은 직장에서 인정받지 못하고 퇴사하여 방황하는 사람들이 얼마나 많은가?

이들의 공통점은 비록 IQ는 높았을지 몰라도 직장 생활에서 인성, 감성, 그리고 인간성, 친절도 모든 면에서 남들로부터 인정을 받지 못함으로써 사회 낙오생으로 전락하고 마는 것이다.

> 고교 3년 동안 공부한 실력이 우리 사회에서 필요한 지식 중 몇 %가 되겠는가? 직장 생활에서 3~40년간 지속적으로 공부한 양이 고교, 대학의 학습량의 몇 십 배는 될 것이다.
> 이젠 머리가 좋은 사람보다 성실하며 인성이 갖추어진 사람이 필요한 세상이다. 암기를 기반으로 한 지식은 이제 필요 없다. 컴퓨터와 스마트폰을 이용하면 그 지식은 다 순간적으로 알 수 있다. 그러나 인성과 친절도와 감성은 아무도 살 수 없을 뿐만 아니라 대신해 줄 수도 없는 것이다. 이젠 학생들에게 경쟁심을 유발하기보다는 인간성을 바탕으로 한 인성이 필요한 시기라고 본다.[3]

3단 구성	4단 구성	특징
처음 / 서론 / 도입	기 / 발단	
중간 / 본론 / 전개	승 / 전개	
	전 / 발전(절정)	
끝 / 결론 / 결말	결 / 결말	

과제 2. 아래에 제시한 문단에서 중심 문장과 뒷받침 문장을 찾아보고, 이 문단을 문단의 구성 방식에 따라 분석해 보자.

> 어떤 주장에 대해 근거를 제시하면서 그 주장의 옳음을 증명하는 방법의 글쓰기를 논증이라고 한다. 말하자면 어떤 문제에 대해 글쓴이의 주장을 밝힘으로써 독자를 설득하는 글이다. 독자를 설득하기 위해서는 글쓴이의 주장이 명료해야 하고, 주장에 대한 근거가 적절하게 드러나게 글을 써야 한다. 이를 위해 논증은 주장(결론)과 하나 이상의 근거(전제), 그리고 주장이 옳음을 증명하는 과정으로 구성된다.

문단의 구성 방식	
문단 구조 분석 결과	

1부. 설명과 발표
2부. 설득과 토론

과제 3. 앞의 문단에서 중심 문장의 위치를 문단의 제일 마지막으로 배치해 보자. 이때 문단을 구성하는 문장 간의 긴밀성을 고려해 문장과 문장을 자연스럽게 연결해 보자.

과제 4. 위의 과제 활동을 바탕으로, 설득을 목적으로 하는 글에서 두괄식 구성과 미괄식 구성 중 설득하기에 더 적합한 구성이라고 생각하는 구성 방식을 정해 나의 주장을 증명해 보자.

'두괄식 구성과 미괄식 구성 중 설득을 목적으로 하는 글에 더 적합한 구성 방식'을 주제로 논설문을 작성해 보자.
– 주제: 두괄식 구성과 미괄식 구성 중 설득을 목적으로 하는 글에 더 적합한 구성 방식 – 분량: 1문단(250~300자) 이상 – 문단의 형식: 두괄식 형식

1) 주장 쓰기:

2) 논설문 쓰기:

1.2. 논증의 구조 찾기

➡ 설득력 있는 글을 쓰기 위해서는 논점(논제)을 정확하게 파악하고, 논지(주장, 결론)를 분명하게 세워야 한다. 논지를 분명하게 세웠다면 적절한 논거(근거, 전제)를 들어 객관적이고 타당하게 증명해 가는 논증의 과정이 필요하다.

🔍 **함께 찾기 2** 아래의 두 글은 논증을 목적으로 하는 글이다. 이 두 글을 읽고 각 글에서 밝히고 있는 논점이 무엇인지 찾아보자.

> 동국 씨가 다음 달에 경주 씨와 결혼을 한다고 한다. 그가 그녀를 사랑했다는 소문은 분명 사실이다.

 분석하기

> 외환 시장에 정부가 개입해서 더 이상의 환율 상승을 억제하는 것이 현명하다. 첫째, 지금의 환율은 경기의 과도한 침체로 외환 수요가 크게 위축된 데서 유래하기 때문에, 원화의 정상적인 가치를 반영하지 못하고 있다. 둘째, 수출 상품의 경쟁력을 떨어뜨려서 수출 저하를 가져온다. 상품 수출을 통한 외화 확보만이 외환 위기의 궁극적 해결책인 점을 감안하면, 그것은 방치될 수 없다.

 분석하기

 더 알아보기

"논점에 충실하라(stick to the issue)."라는 유명한 말이 있다. 논점이란 무엇이든 논란이 되고 있거나, 의심스러운 것, 혹은 단순히 재미있이 필요한 주장 등을 뜻하며, 이는 논증에 의해 그 신뢰성이 밝혀져야 하는 것을 의미한다. 논점은 논의나 논쟁 등에서 중심이 되는 문제점을 가리키는 말로, 논의할 주제에서 반드시 논의해야 할 사항을 가리킨다. 논점을 찾는 방법으로 논증의 결론(주장) 마지막 부분을 '-인지 아닌지'나 '-인가 아닌가'와 같이 바꿔 보는 방법이 있다. 아래의 예를 보자.

예] 논지(결론, 주장): "영국의 브렉시트(Brexit)가 영국을 세계 경제의 미아로 만들 것이다."
논점: "영국의 브렉시트(Brexit)가 영국을 세계 경제의 미아로 만들 것인지 아닌지?"

이 논점에는 논쟁의 여지가 분명히 많다. 그래서 논증이 필요한 것이다.

함께 찾기 3 논지란 글 전체의 중심 내용인 주장, 즉 결론을 뜻한다. 이것이 곧 글쓴이의 관점이다. 아래의 두 글을 읽고 각 글의 논점과 논지를 찾아보자.

아메리칸 익스프레스 카드 회사는 다음과 같이 자사의 카드를 선전한다. "아메리칸 익스프레스 카드 회원은 다른 카드 회원들이 누릴 수 없는 혜택을 받는다. 카드를 사용하는 바로 그 순간 회원들은 그런 특별함을 느낄 수 있다. 당신이 카드를 사용할 때, 당신은 심지어 때때로 훨씬 좋은 서비스를 받고 특별한 정도의 존경을 받는다는 것을 알게 될 것이다."

논점:

논지:

담배는 사람들에게 판매하면 안 되는 제품이다. 왜냐하면 담배는 사람의 정신적 육체적 건강을 해치는 독극물 마약이기 때문이다. 또한 담배는 국민의 목숨을 가장 많이 앗아가는 괴물이다. 담배 연기에는 62종의 발암 물질이 들어 있으며 니코틴은 아편 정도의 중독성이 있기 때문이다.

논점:

논지:

함께 찾기 4 논거란 글쓴이의 논지, 즉 주장을 객관적이고 타당하게 뒷받침하는 내용을 뜻한다. 아래의 두 글을 읽고 각 글의 논점과 논지 그리고 논거를 찾아보자.

> 초등학교 앞 문구점은 초등학생들에게 불량 식품을 판매하면 안 된다. 왜냐하면 불량 식품은 초등학생들의 건강을 해치기 때문이다. 초등학교 앞 문구점에서 판매하는 식품들은 주로 저가의 식품들로, 초등학생들을 유혹하기 위해 화려한 색깔로 물들여져 있거나 알 수 없는 재료들로 만들어진 제품들이 대부분이다. 이러한 제품들은 색소를 포함한 식품 재료들의 영양 성분 표시도 제대로 되어 있지 않은 경우가 많다. 초등학교 앞 문구점이 초등학생들이 접근하기 가장 쉬운 곳인 것도 문제이다. 더 큰 문제는 초등학생들이 아직 이러한 식품의 안전성을 판단할 만한 나잇대가 아니라는 점이다.

논점:

논지:

논거 1:
논거 2:
논거 3:
논거 4:

> 아리스토텔레스가 말했듯이 "인간은 사회적인 동물"이 분명하다. 왜냐하면 인간은 혼자서 살 수 없고 다른 사람들과 더불어 살아야 하는 존재이기 때문이다. 예컨대 인간이 혼자 살면 인류의 생존이 불가능하다. 또한 생산물을 서로 교환함으로써 노동으로부터 보다 자유로워지고 노동에서 자유로워진 시간을 즐길 수도 있다. 사르트르 또한 "인간은 타인과의 관계를 통해서 삶의 의미를 느낀다."라고 하였다.

논점:

논지:

논거 1:
논거 2:
논거 3:
논거 4:

더 알아보기

1) 논점
논점이란 글 전체의 내용과 관련된 주요한 논란거리를 뜻한다.

2) 논지 세우기
논지란 글 전체의 중심 내용인 주장, 즉 결론을 뜻한다. 이는 곧 글쓴이의 관점을 뜻하기도 한다. 글쓴이는 자신의 관점을 명확하게 제시하면서 글을 써야 한다. 하지만 종종 글쓴이는 자신이 속해 있는 공동체의 관점과 자신의 관점을 혼동하기도 한다. 혼동하는 이유는 의사소통을 하기 위해서 공동체에서 공유하고 있는 사고 내용을 매개로 해야 하기 때문이다. 그래서 글쓴이는 공동체의 관점을 무의식적으로 자신의 관점으로 착각하여 글을 쓰는 경우가 발생하기도 한다. 따라서 나의 논지가 공동체의 관점에서 나온 것인지 나의 관점에서 나온 것인지를 우선 판단할 필요가 있다.

3) 논거 제시하기
논거란 글쓴이의 논지, 즉 주장을 객관적이고 타당하게 뒷받침하는 내용을 뜻한다. 논지가 결론을 뜻한다면, 논거는 전제를 뜻한다. 논거가 올바르게 제시될 때에만 논지가 설득력을 갖는다. 논지가 글쓴이의 주장이라면 논거는 그 주장에 대한 이유와 근거로 생각해도 무방하다. 이유는 주장을 뒷받침하는 모든 진술을 의미하고, 근거는 주장을 뒷받침하기 위해 제시된 객관적인 사실이나 실증 자료, 일종의 예시를 가리키기 때문이다. 물론 이렇게 주장을 뒷받침하기 위해 제시된 이유는 타당해야 하고, 근거는 객관적이어야 하며 신뢰할 수 있어야 한다. 주장과 근거를 밝히는 글을 쓸 때는 일반적으로 "나는 ~이라고 생각한다[주장]. 왜냐하면 ~이기 때문이다[이유]. 예를 들면 ~이다[근거]."라는 논증의 형식을 사용하면 좋다.

과제 1. '우리 대학은 학생을 학교의 주인으로 대하는 학교인가?'라는 논제에 대해 자신의 주장을 밝히고, 이에 대해 타당한 근거를 찾아 200~250자 내외의 논설문을 작성해 보자.

– 논점:
– 논지:

과제 2. '현재의 대학 입시는 입시 지옥인가?'라는 논제에 대해 자신의 주장을 밝히고, 이에 대해 타당한 근거를 찾아 1문단(250~300자) 이상의 논설문을 작성해 보자.

- 논점:
- 논지:

과제 3. 앞에서 살펴본 설득(논증)의 방법이 가지고 있는 특징이 무엇인지 정리해서 아래의 빈칸에 기록해 보고, 이 설득(논증) 방법이 가지는 장점에 대해 토의해 보자.

설득(논증) 방법의 특징

과제 4. 이러한 논증 방법은 어떤 글을 쓸 때 필요할까? 아래의 빈칸에 간단하게 이 논증(설득) 방법이 쓰일 수 있는 글의 사례를 정리해 보고 그 이유에 대해 토의해 보자.

논증(설득)이 필요한 글의 사례

1.3. 논증의 방법 찾기

함께 찾기 5 아래의 두 글을 읽고 각 글에 어떤 논증의 방법이 쓰였는지 생각해 보자.

> "동국아, 글쓰기 공부를 열심히 하면, 장차 신문 기자가 될 것이다." 동국이는 글쓰기 공부를 열심히 하였다. 그래서 동국이는 신문 기자가 되었다.

 분석하기

 분석하기

많은 경우 사람들은 여행을 할 때 무장을 한 동반자를 데리고 다닌다. 그뿐만이 아니라, 무장을 하고 다니는 자신의 신하마저도 의심하곤 한다. 자신의 이웃도 믿지 못하여 잠을 잘 때에는 반드시 문을 걸어 잠근다. 또한 자기 자식들이나 집안의 하인들도 믿지 못하여 집에 있는 금고를 잠그고 다닌다. 이러한 사실들을 볼 때 인간은 다른 인간들을 어떻게 생각하는 것일까? 이는 인간이 자신 외에 다른 인간을 불신하고 있다는 것을 분명하게 보여주는 사실이다.[4]

 더 알아보기

논증의 형식

논증적인 글을 잘 쓰기 위해서는 논리적으로 생각하고 논리적으로 말하는 것이 중요하다. 논리적으로 생각하고 논리적으로 말하는 기술을 익히기 위해서는 논리학에서 다루는 기본적인 지식을 알아야 한다.

논리학에서 논증의 형식은 보통 연역 논증과 귀납 논증으로 나뉜다. 이는 전제(근거)와 결론(주장)의 관계에 따른 구분이다. 예를 들어 연역 논증은 전제(근거)가 결론(주장)을 필연적으로 뒷받침하는 논증을 뜻하며, 귀납 논증은 전제(근거)가 결론(주장)을 단지 개연적으로만 뒷받침하는 논증을 말한다. 개연적으로 뒷받침한다는 것은 충분히 혹은 적절하게 뒷받침하지만 결정적이지는 않다는 뜻이다. 필연성과 개연성이 연역 논증과 귀납 논증을 구분하는 기준인 것이다. 대학에서 작성하는 조사 보고서(실험이나 관찰 등)가 귀납 논증의 대표적인 예다. 실험이나 관찰 또는 통계 등을 통해 어떤 결론(주장)을 얻어내는 자연과학이나 사회과학 분야의 조사 보고서는 귀납 논증을 사용하여 작성한다.

일반적으로 귀납 논증은 실험이나 관찰 또는 통계 등과 같은 개별적인 사례를 통해 어떤 결론(주장)을 얻어내는 방법을 말하며, 연역 논증은 일반적인 주장을 개별적인 사례에 적용하여 그 주장이 타당함을 밝히는 방법으로 잘 알려져 있다.

과제 1. 아래의 글에서 쓰인 논증의 방법이 무엇인지 찾고, 이를 바탕으로 이 글의 주장과 근거를 찾아보자.

> 당신은 이성으로부터 사랑을 받지 못할 것이다. 자신을 진정으로 사랑하는 사람만이 이성으로부터도 진정한 사랑을 받을 수 있다. 당신은 자신의 이상형을 찾아 헤매고 있다. 지금의 그 모습은 자신을 사랑하려는 노력이 아니라 자신 대신 당신을 사랑해 줄 대상을 찾고 있는 것이다.

논증의 방법:

주장(논지):

근거(논거) 1:

근거(논거) 2:

근거(논거) 3:

과제 2. 아래의 글에서 쓰인 논증의 방법이 무엇인지 찾고, 이를 바탕으로 이 글의 주장과 근거를 찾아보자.

> 사람들은 혼자서 살면 고독해 한다. 끼니도 잘 챙겨먹지 못한다. 이로 인해 정신적으로도 문제가 생기고, 육체적으로도 건강을 해치게 된다. 따라서 사람은 사회를 구성하여 사람과 더불어 사는 것이 좋다.

논증의 방법:

주장(논지):

근거(논거) 1:

근거(논거) 2:

근거(논거) 3:

🖫 **생각 풀기 2** 앞서 [함께 찾기]의 과제 활동을 통해 도출한 논증의 방법을 다양한 주제에 적용하여 논증해 보자.

조건	다음 주제 중 한 가지를 선택하자. 이 주제에 대해 먼저 귀납 논증의 방식을 이용해 글을 쓰고, 같은 주제에 대해 연역 논증의 방식을 이용해 아래에 제시한 [과제 1]과 [과제 2]를 해결해 보자.

주제	① 노력은 성공을 보증한다. ② 인간의 본성은 선하다/악하다(둘 중 택일). ③ 모든 인간은 평등하다. ④ 인간은 이성적 동물이다.

과제 1. ①~④ 중 하나의 주장을 선택한 후, 귀납 논증의 방식을 이용해 200~250자 내외로, 선택한 주장을 논증해 보자.

과제 2. ①~④ 중 하나의 주장을 선택한 후, 연역 논증의 방식을 이용해 200~250자 내외로, 선택한 주장을 논증해 보자.

1.4. 논증의 오류 찾기

함께 찾기 6 다음의 글들은 다양한 논증의 예들이다. 각각의 글에서 주장과 근거를 찾아보고, 이 주장이 타당한지의 여부를 검토해 보자.

과제 1. 아래에 제시된 주장의 타당성을 검토해 보자.

> 나는 북한이 곧 망할 것이라고 생각한다. 영화를 보면, 김정은은 정신이상자이다. 그는 과대망상에 빠져 세계의 지배자가 되었다고 생각한다. 정신이상자가 통치하는 국가는 반드시 망한다고 생각한다. 그래서 나는 북한이 곧 망할 것이라고 생각한다.
>
> 〈학생 글〉

주장:

근거:

과제 2. 아래에 제시된 주장의 타당성을 검토해 보자.

> K 국회의원이 훌륭한 정치인이라는 여론조사의 결과에는 문제가 있다. 그는 성격이 매우 괴팍할 뿐만 아니라 매사에 폭력적이기 때문이다. 술을 좋아해서 주사도 있다. 사교술은 뛰어나 TV 시사 토론 등에 단골로 출연한다. 이런 국회의원에 대한 지역민의 여론조사 결과가 높게 나오는 것은 문제가 있다.

주장:

근거:

과제 3. 아래에 제시된 주장의 타당성을 검토해 보자.

교수님께서 이번 저의 〈글쓰기 2〉 과목 학점을 B+에서 A로 올려 주시기를 간절히 부탁드립니다. 그래야 저는 다음 학기에 장학금을 받아 학업을 계속할 수 있습니다. 가정 사정이 어려워 제가 학비를 벌어야 하는 형편입니다. 무례한 부탁인 줄 잘 압니다만, 제 사정이 너무나도 딱합니다. 지금도 아르바이트를 하는 도중 잠깐 쉬는 시간을 이용해 이렇게 급히 메일을 보냅니다. 교수님의 선처를 굳게 믿겠습니다.

〈학생 글〉

주장:

근거:

과제 4. 아래에 제시된 주장의 타당성을 검토해 보자.

청소년들 사이에 음란물이 홍수처럼 넘쳐나고 있다. 특히 영상물을 통한 음란물 접촉의 용이성은 청소년들의 영혼을 결정적으로 병들게 하고 있다. 따라서 하루 빨리 청소년 전용 성인 영화관 제도를 만들어야 한다.

주장:

근거:

더 알아보기

1) 논증의 오류란?

주장(결론)을 뒷받침하는 내용(전제)이 설득력이 없거나 타당하지 못한 논증들은 논증의 오류 유형에 포함된다. 논리학에서는 이러한 잘못된 논증을 오류(誤謬)라고 한다. 오류는 형식적으로 보면 논증의 형식을 갖추고 있어 일견 타당해 보이지만, 면밀히 살펴보면 바르지 못한 것으로 드러나는 논증의 형태다. 일명 논증의 비형식적 오류라고 한다.

2) 잘못된 논증(오류)의 유형

학생들이 글을 쓰면서 자주 범하는 잘못된 논증(오류)의 유형에는 인간에의 논증, 성급한 일반화의 논증, 연민에 호소하는 논증, 논점 일탈의 오류 등이 있다.

① 인간에의 논증은 관련된 논의의 주제에서 벗어나 상대방의 개인적인 상황이나 성격, 또는 직업적 특성 등을 비판하는 것을 말한다.

② 성급한 일반화의 논증은 여러 경우들의 공통점을 추출하여 일반화하지 않고, 일부의 제한된 경우들만을 주목하여 그것들의 공통점을 추출해 모든 경우들이 다 그러한 속성을 갖고 있는 것처럼 주장할 때 범하는 오류를 뜻한다.

③ 연민에 호소하는 논증은 상대방의 동정심에 호소하여 자신의 주장을 설득하려 할 때 범하는 오류이다.

④ 논점 일탈의 오류는 어떤 주장을 설득하기 위해 제시된 논증이 실제로는 다른 주장을 향하고 있을 때 범하게 되는 오류이다. 예를 들어 한 사람이 스타벅스의 아이스 아메리카노 맛이 좋다는 주장을 논증하기 위해 발언을 하면서 스타벅스가 왜 번창하는가에 대하여만 논증한다면 논점 일탈의 오류가 된다.

함께 찾기 7 [더 알아보기]의 참고 자료를 바탕으로, 아래의 주장들이 어떤 유형의 '논증의 오류'에 해당하는지 분석해 보자.

과제 1.

> 나는 북한이 곧 망할 것이라고 생각한다. 영화를 보면, 김정은은 정신이상자이다. 그는 과대망상에 빠져 세계의 지배자가 되었다고 생각한다. 정신이상자가 통치하는 국가는 반드시 망한다고 생각한다. 그래서 나는 북한이 곧 망할 것이라고 생각한다.

과제 2.

> K 국회의원이 훌륭한 정치인이라는 여론조사의 결과에는 문제가 있다. 그는 성격이 매우 괴팍할 뿐만 아니라 매사에 폭력적이기 때문이다. 술을 좋아해서 주사도 있다. 사교술은 뛰어나 TV 시사 토론 등에 단골로 출연한다. 이런 국회의원에 대한 지역민의 여론조사 결과가 높게 나오는 것은 문제가 있다.

과제 3.

> 교수님께서 이번 저의 〈글쓰기 2〉 과목 학점을 B+에서 A로 올려 주시기를 간절히 부탁드립니다. 그래야 저는 다음 학기에 장학금을 받아 학업을 계속할 수 있습니다. 가정 사정이 어려워 제가 학비를 벌어야 하는 형편입니다. 무례한 부탁인 줄 잘 압니다만, 제 사정이 너무나도 딱합니다. 지금도 아르바이트를 하는 도중 잠깐 쉬는 시간을 이용해 이렇게 급히 메일을 보냅니다. 교수님의 선처를 굳게 믿겠습니다.

과제 4.

> 청소년들 사이에 음란물이 홍수처럼 넘쳐나고 있다. 특히 영상물을 통한 음란물 접촉의 용이성은 청소년들의 영혼을 결정적으로 병들게 하고 있다. 따라서 하루 빨리 청소년 전용 성인 영화관 제도를 만들어야 한다.

 생각 풀기 3 지금까지 살펴본 잘못된 논증의 예들을 설득력 있고 좋은 논증으로 고쳐 보자.

과제 1.

> 나는 북한이 곧 망할 것이라고 생각한다. 영화를 보면, 김정은은 정신이상자이다. 그는 과대망상에 빠져 세계의 지배자가 되었다고 생각한다. 정신이상자가 통치하는 국가는 반드시 망한다고 생각한다. 그래서 나는 북한이 곧 망할 것이라고 생각한다.

과제 2.

> K 국회의원이 훌륭한 정치인이라는 여론조사의 결과에는 문제가 있다. 그는 성격이 매우 괴팍할 뿐만 아니라 매사에 폭력적이기 때문이다. 술을 좋아해서 주사도 있다. 사교술은 뛰어나 TV 시사 토론 등에 단골로 출연한다. 이런 국회의원에 대한 지역민의 여론조사 결과가 높게 나오는 것은 문제가 있다.

과제 3.

> 교수님께서 이번 저의 〈글쓰기 2〉 과목 학점을 B+에서 A로 올려 주시기를 간절히 부탁드립니다. 그래야 저는 다음 학기에 장학금을 받아 학업을 계속할 수 있습니다. 가정 사정이 어려워 제가 학비를 벌어야 하는 형편입니다. 무례한 부탁인 줄 잘 압니다만, 제 사정이 너무나도 딱합니다. 지금도 아르바이트를 하는 도중 잠깐 쉬는 시간을 이용해 이렇게 급히 메일을 보냅니다. 교수님의 선처를 굳게 믿겠습니다.

과제 4.

> 청소년들 사이에 음란물이 홍수처럼 넘쳐나고 있다. 특히 영상물을 통한 음란물 접촉의 용이성은 청소년들의 영혼을 결정적으로 병들게 하고 있다. 따라서 하루 빨리 청소년 전용 성인 영화관 제도를 만들어야 한다.

통합적 의사소통 능력을 키우는
통통 글쓰기 2

📔 **생각 풀기 4** 지금까지 살펴본 '논증 오류'에 대해 정리해 보고, 이러한 논증의 오류를 왜 피해야 하는지에 대해 나의 의견을 주장하는 글을 써 보자.

과제 1. 논증 오류의 특징에 대해 조별로 토의하고 논증 오류의 특징에서 나타나는 공통점이 무엇인지를 정리해 보자.

논증 오류의 특징과 공통점

과제 2. 각자가 겪었던 논증 오류의 경험에 대해 토의하고, 이를 사례별로 정리해 보자.

내가 겪었던 논증 오류의 사례

과제 3. 앞에서 토의하고 정리한 내용을 참고하여, 다른 사람을 잘 설득하기 위해서는 왜 논증의 오류를 피해야 하는지에 대해 논증하는 글을 써 보자.

논증의 오류를 지양해야 하는 이유

1.5. 논증하는 글 분석하기

함께 찾기 8 글을 비판적으로 읽고 설득력 있는 글을 쓰기 위해서는 논증하는 글을 분석하고 평가하는 능력이 필요하다. 다음의 예시들을 읽고, 각 예시에 어떤 논증이 쓰였는지 분석해 보자.

[예시 1]

> ①낙관론자들이 비관론자들보다 성공할 가능성이 더 높다면 우리는 낙관론자가 되어야 한다. ②낙관론자들은 비관론자들보다 성공할 가능성이 더 높다. ③따라서 우리는 낙관론자가 되어야 한다.

[예시 2]

> ①이번에 정치 개혁이 반드시 되어야 한다. ②왜냐하면 우리나라 문화에서 정치는 가장 뒤떨어진 분야로서 국가 발전에 엄청난 장애가 되고 있으며, ③또한 개혁의 필요성에 대한 국민적 여망이 고조되어 있기 때문이다. ④그리고 행정부와 사법부에 정치 개혁을 추구하는 양심적 세력이 주축을 이루고 있어 그 실현 가능성이 높다는 점도 눈여겨볼 일이다.

 더 알아보기

1) 논증하는 글 분석하기

논증하는 글을 분석한다는 것은 곧 주장(결론)과 근거(뒷받침 내용) 찾기를 뜻한다. 논증 분석이란 주어진 내용(텍스트)에서 부차적인 내용, 즉 부연 설명이나 불필요한 내용 등을 제거하고 논증의 핵심인 주장과 근거들만 찾아서 논증을 재구성하는 것을 말한다.

논증 분석의 결과는 논증의 재구성이다. 논증을 재구성하는 방법은 다음과 같다. 먼저 주장을 찾는다. 그리고 부연 설명 등은 제거하고 중요한 근거들만 추려내어 찾는다. 마지막으로 근거들을 논리적 순서에 따라 제시(배열)한다.

2) 논증하는 글 재구성하기 [예시]

> ①내가 〈글쓰기 2〉 과목에서 A+를 받는 것은 정당하다. ②왜냐하면 나는 〈글쓰기 2〉 과목에서 A+를 받고 싶기 때문이다. ③나는 좋아하는 일은 무엇이든지 마음대로 할 수 있는 권리를 가져야 한다고 생각한다.

[논증 재구성하기]
결론: 내가 〈글쓰기 2〉 과목에서 A+를 받는 것은 정당하다.
근거 1: 나는 〈글쓰기 2〉 과목에서 A+를 받고 싶어 한다.
근거 2: 내가 좋아하는 것을 하는 것은 정당하다.

3) 논증 평가하기

논증하는 글을 분석한 후에는 그 논증이 어느 정도 설득력을 지니고 있는지를 따져 보아야 한다. 좋은 논증은 우선 형식적인 면에서 전제로부터 결론에 이르는 논리적 과정이 일관성을 가져야 하는데, 이는 형식적 타당성을 의미한다. 또한 내용적인 면에서도 근거(뒷받침 내용)들이 내용적으로 객관적이며 진실한 것으로 구성되어야 하는데, 이는 내용적 건전성을 뜻한다. 따라서 좋은 논증은 결국 주장의 설득력을 담보하는 글이라고 할 수 있다.

논증하는 글을 작성할 때나 논증하는 글을 평가할 때에는 다음과 같은 점들을 유의해야 한다.(손동현 외, 『학술적 글쓰기』, 성균관대학교출판부, 2009, 72~73쪽 참고.)

① 표현의 정확성: 핵심어 또는 문장들이 글쓴이의 생각을 명확하게 전달하고 있는가?
② 근거의 객관성: 근거로 제시된 주장의 내용이 사실에 부합하는가? 자의적 해석이나 주장은 아닌가?
③ 근거의 유관성: 논증의 근거들이 주장을 적절하게 뒷받침해 주고 있는 근거들인가?
④ 논리적 타당성: 근거들로부터 주장이 논리적으로 타당하거나 합리적으로 수용 가능한가?
⑤ 근거의 중요성과 충분성: 근거로 제시된 내용이 피상적이어서 주장(결론)을 뒷받침하기에 너무 약하거나, 제시된 근거가 충분하지 못해 설득력이 약하지 않은가?

함께 찾기 9 논증의 순서를 바로잡으면서, 바른 논증의 흐름에 대해 생각해 보자.

과제 1. 아래에 제시된 논증의 순서를 논리적으로 타당한 순서로 바로잡아 보자.

> ①사랑은 자기를 넘어서 타인을 배려하는 행위이고, 그런 사랑을 통해서만 우리는 존재적 불안과 온전하게 싸울 수 있다. ②실존주의 철학자들이 주장했듯이, 사람들은 존재적 불안을 숙명처럼 안고 산다. ③따라서 누구도 사랑 없이 살 수 없다.

과제 2. 아래에 제시된 논증의 순서를 논리적으로 타당한 순서로 바로잡아 보자.

> ①정리 해고 과정에서 파생된 마찰적 실업은 정보 및 기술 산업을 진흥시켜 새 일자리를 많이 개발하고 사회보장 제도를 개선함으로써 해결할 수 있다. ②사용자가 필요 없는 인원을 계속 가지고 있으면 기업도 망하고 나라도 망한다. ③나아가 노동자 자신도 망하는 결과를 초래할 것이다. ④다가올 신문명의 핵심은 공장 및 사무실의 자동화, 신제품 개발에 따른 노동생산성의 급격한 증가이다. ⑤따라서 정리 해고제의 도입은 당연하다.[5]

생각 풀기 5 주장에는 반드시 이를 뒷받침하는 근거가 필요하다. 다음의 주장을 살펴보고, 이를 뒷받침할 수 있는 전제(근거)들을 찾아 논증을 완성해 보자.

과제 1. 아래에 제시된 주장을 뒷받침할 수 있는 전제(근거)들을 찾아 아래의 논증을 완성해 보자.

> 학과 공부만 열심히 하면 취업할 수 있다는 사람들이 있는데, 나는 전혀 그렇지 않다고 생각한다.

과제 2. 아래에 제시된 주장을 뒷받침할 수 있는 전제(근거)들을 찾아 아래의 논증을 완성해 보자.

> 대학생은 취업만을 생각한다고 말하는 사람들이 있는데, 나는 전혀 그렇지 않다고 생각한다.

과제 3. 아래에 제시된 주장을 뒷받침할 수 있는 전제(근거)들을 찾아 아래의 논증을 완성해 보자.

> 대학생은 더 이상 부모의 도움 없이 무조건 자립해야 한다고 말하는 사람들이 있는데, 나는 그렇지 않다고/그렇다고 생각한다.

과제 4. 아래에 제시된 주장을 뒷받침할 수 있는 전제(근거)들을 찾아 아래의 논증을 완성해 보자.

> 나는 개인의 노력에 따라 소득과 부를 분배하는 것에 찬성/반대한다.

과제 5. 아래에 제시된 주장을 뒷받침할 수 있는 전제(근거)들을 찾아 아래의 논증을 완성해 보자.

> 어떤 강의에서는 수업 시간에 스마트폰 전원을 끄도록 한다. 그렇지 않으면 평가에 불이익을 준다. 나는 이러한 행위가 옳다고/옳지 않다고 생각한다.

과제 6. 아래에 제시된 주장을 뒷받침할 수 있는 전제(근거)들을 찾아 아래의 논증을 완성해 보자.

> 다른 지역에서 온 대학생은 자취를 하는 것보다 생활관(기숙사)에 거주하는 것이 좋다/좋지 않다.

1.6. 설득하는 글의 유형 찾기

🔍 **함께 찾기 10** 아래에 제시된 글을 분석적으로 읽고 이 글이 어떤 장르의 글인지를 생각해 보자.

> 겨울은 대학생들이 독서하기에 가장 적합한 계절이다. 왜냐하면 겨울에는 다른 계절에 비해 대학생들이 참여할 만한 행사가 많지 않기 때문이다. 예컨대 봄에는 대학생 MT나 축제 등이 열린다. 가을에는 대학 체육대회 등이 개최된다. 여름에는 방학을 이용해서 참여할 수 있는 봉사활동 프로그램 등이 많이 제공된다. 또한 친구들과 함께 여름방학을 이용하여 해외여행 등을 다니기에 좋은 계절이다. 그러나 겨울은 축제나 여행을 하기에 다른 계절보다는 적합하지 않다. 그러므로 겨울은 대학생들이 정신을 집중하여 독서하기에 좋은 계절이다.[6]

📝 분석하기

과제 1. 위에 제시된 글에서 주장(주제문)과 이를 뒷받침할 수 있는 전제(근거)들을 찾아보자.

주제문	
주장	
근거 1	
근거 2	
근거 3	
근거 4	

🔍 **함께 찾기 11** 아래에 제시된 글을 분석적으로 읽고 이 글이 어떤 장르의 글인지 생각해 보자.

> ✏️ **분석하기**
>
> 고전 강독은 결코 과거로의 회귀가 아니고, 우리의 당면 과제를 재조명하는 것이 되어야 한다고 생각합니다. 여러분은 『오래된 미래(Ancient Future)』란 책을 알고 있지요. 헬레나 노르베리 호지 Helena Norverg Hodge 교수가 인도 서북부 티베트 고원의 라다크에서 17년 동안 라다크 사람들의 삶을 기록한 것입니다. 그 책의 부제가 '라다크로부터 배우다'(Learning from Ladakh)입니다. '오래된 미래'라는 표현은 분명 모순 어법(oxymoron)입니다. 작은 거인(little giant)이나 점보 새우(jumbo shrimp)와 같은 모순된 어법입니다. 그러나 이 모순된 표현 속에 대단히 중요한 뜻이 담겨 있습니다. 미래로 가는 길은 오히려 오래된 과거에서 찾아야 한다는 것이지요. 자연과의 조화와 공동체의 가치를 소중히 여기는 라다크의 오래된 삶의 방식에서 바로 오염과 낭비가 없는 비산업주의적 사회 발전의 길을 생각하게 하는 것입니다. 과거는 그것이 잘된 것이든 그렇지 못한 것이든 우리들의 삶 속에 깊숙이 들어와 있는 것이지요. 그리고 미래를 향해 우리와 함께 길을 가는 것이지요.[7]

과제 1. 위에 제시된 글에서 주장(주제문)과 이를 뒷받침할 수 있는 전제(근거)들을 찾아보자.

주제문	
주장	
근거 1	
근거 2	
근거 3	
근거 4	

💡 더 알아보기

> 논설문은 두괄식으로 작성해야 한다. 그래야 바로 독자들이 글쓴이의 생각에 주의를 기울일 수 있다. 두괄식 논설문의 일반적인 형식은 다음과 같다. 먼저 글의 맨 처음에 글쓴이의 생각(주장)을 담은 주제문을 쓴다. 다음에는 '왜냐하면 ~이기 때문이다'라는 형식으로 주장에 대한 타당한 이유를 쓴다. 그 다음에는 구체적인 사실이나 실증 자료 등과 같은 예시를 객관적이고 신뢰할 수 있는 근거로서 제시한다. 마지막으로 이유와 주장을 합친 마무리 형식의 글을 작성하면 좋다.

📑 **생각 풀기 6** 두괄식 구성을 활용하여 다음에 주어진 주제에 대해 논설문을 써 보자.

과제 1. 꼭 바뀌었으면 하는 우리 학교의 공간 또는 문화(문제가 있다고 생각되는 공간 또는 문화)를 생각해 보자. 먼저 주제문을 정해 보고, 주제문의 범위 내에서 무엇이 바뀌면 좋을지를 주장으로 작성해 보자(예시: ○○은 개선되어야 한다, ○○은 바뀔 필요가 있다 등). 그리고 주장에 대한 근거를 네 가지 이상 찾아서 아래 표에 정리해 보자.

주제문	
주장	
근거 1	
근거 2	
근거 3	
근거 4	

과제 2. 위에서 정리한 나의 주장과 근거가 논리적으로 타당한가? 주장이나 근거에서 부족한 부분이 있거나 문제가 있으면 이를 고쳐서 다시 써 보자. 그리고 왜 그렇게 고쳤는지를 간략하게 정리해 보자.

주제문	
주장	
근거 1	

근거 2	
근거 3	
근거 4	
고친 이유	

과제 3. 최근 인터넷이나 SNS에서 여성을 비하하거나 혐오하는 글들을 쉽게 찾아볼 수 있으며, 이러한 여성 혐오는 폭행, 살인 사건으로 이어져 심각한 사회 문제로 대두되고 있다. 사회에 만연한 여성 혐오에 대응하기 위해 특정 사이트에서는 미러링(여성 혐오의 사례를 거울로 비추듯 남성에게 대입하는 방식)을 통해 남성을 비하하거나 혐오하는 글을 쓰는 사례가 늘고 있다. 미러링의 취지는 가해자와 피해자의 시선을 전환시켜, 일상에 만연해 있는 여성 혐오가 어떠한 것인지를 대중들이 생생하게 느끼고 다시 생각해 보게 하는 것에 있다고 한다. 그러나 한편 여성 혐오를 해결하기 위해 남성 혐오를 보여준다는 미러링은 극단적인 방법이며 근원적인 문제 해결에 도움이 되지 못한다는 의견도 존재한다.

이러한 '미러링 현상'에 대한 여러분의 생각을 주제문으로 만들어 보고, 주제문의 범위 내에서 주장을 작성해 보자. 그리고 주장을 뒷받침하는 근거를 네 가지 이상 찾아서 아래의 표에 정리해 보자.

주제문	
주장	
근거 1	
근거 2	
근거 3	
근거 4	

과제 4. 앞에서 정리한 나의 주장과 근거가 논리적으로 타당한가? 주장이나 근거에서 부족한 부분이 있거나 문제가 있으면 이를 고쳐서 다시 써 보자. 그리고 왜 그렇게 고쳤는지에 대한 이유도 간략하게 정리해 보자.

주제문	
주장	
근거 1	
근거 2	
근거 3	
근거 4	
고친 이유	

함께 찾기 12 다음에 제시한 두 글은 장르에 차이가 있는 글들이다. 두 글에 어떤 차이가 있는지 살펴보면서 두 글을 분석적으로 읽어 보자.

[예시 1]

 분석하기

　임상수 감독의 〈돈의 맛〉을 보고 나는 '배우의 연기가 영화에서 차지하는 비중이 이렇게 클 수 있구나'라고 생각했다. 물론 영화에서 주인공이 차지하는 역할이 큼은 당연하다. 그렇지만 이 영화만큼이나 연기자의 역할이 큰 영화는 개인적으로 처음 보았다. 주인공들의 연기는 매우 리얼해서 내가 영화 속의 실제 인물이 아닌가 하는 착각에 빠지게 할 정도의 강렬한 인상을 남겨 주었다. 실상 3D 영상을 보는 것 같았다. 그래서 이 영화 속의 장면들이 실제의 상황이 아닐까 하는 감탄사를 불러왔다.

　〈돈의 맛〉은 사회를 비평하는 감독의 마음이 잘 드러난 작품이라고 평을 한다. 하지만 이 영화를 보는 동안 나는 영화에서 말하고자 하는 사회 비평에는 전혀 관심을 가지지 못했고, 주인공들의 생생한 연기에만 빠져 있었다. 이 영화는 개인적으로 생각할 때, 영화 자체의 의미보다는 연기자의 연기력을 빛나게 해 준 영화이며, 주인공인 김강우와 백윤식을 위한 영화가 아닐까 싶다.[8]

📝 **분석하기**

[예시 2]

　임상수 감독의 〈돈의 맛〉은 돈으로 세상을 지배하려는 재벌 권력을 비판하는 영화다. 재벌 권력으로 인해 핍박 받는 사람들의 삶을 대변하는 영화이다. 그래서 이 영화에는 실제로 일어난 사건들을 비유적으로 묘사하는 여러 장면들도 담겨 있다.

　재벌 3세인 윤철은 물려받은 60억 원으로 여러 가지 불법과 편법을 통해 무려 200조 원짜리 그룹을 고스란히 상속받는다. 이것은 아마도 삼성가의 차기 후계자의 주식변칙 증여를 비꼰 것으로 보인다. 영화에서 윤철의 아버지 윤 회장은 검사에게 비서실장 주영작을 통해 거금의 현찰을 건넨다. 검사는 아무런 양심의 가책도 없이 아주 자연스럽게 받아 챙긴다. 윤철은 검찰에 출두해서 형식적인 조사와 면죄부만 받고 풀려난다.

　〈돈의 맛〉은 재벌과 법조계에 대한 비판뿐만 아니라 부조리한 정치계에 대해서도 날카롭게 비판하는 영화다. 윤 회장의 아내 백금옥은 '걸신들린 것처럼 돈 달라는 것들 투성이야.'라고 말한다. 윤철도 '법조계 찌질이들은 다 내 손안에 있다.'라고, 그리고 '잘하려면 제대로 된 정치 세력이 카운터 파트너로 있어야 하는데 순촌놈 아니면 날강도들뿐'이라고도 한다.

　이 영화는 재벌 권력과 그들에 의해 고통 받는 평범한 사람들의 모습을 통해 부조리하게 변한 사회를 비판하는 양심의 소리이다.[9]

과제 1. [예시 1]과 [예시 2]에 나타난 글쓴이의 주장과 근거를 찾아 아래 표에 각각 정리해 보자.

[예시 1]	
주장	
근거 1	

근거 2	
근거 3	
근거 4	

[예시 2]	
주장	
근거 1	
근거 2	
근거 3	
근거 4	

과제 2. [과제 1]에서 살펴본 [예시 1]과 [예시 2]의 주장과 근거에 오류가 있는지를 살펴보자.

[예시 1]의 문제점	
주장의 오류	
근거의 오류	

[예시 2]의 문제점	
주장의 오류	
근거의 오류	

과제 3. 앞의 분석을 토대로 [예시 1]과 [예시 2]가 각각 어떤 장르의 글인지 분석해 보고 도출한 장르의 특징이 글에서 어떻게 나타나고 있는지 찾아보자.

예시 1	글의 장르	
	장르의 특징	
예시 2	글의 장르	
	장르의 특징	

💡 더 알아보기

감상문은 설득하는 글의 유형은 아니지만, 넓은 의미에서는 주장하는 글로도 볼 수 있다. '작품을 감상한 나의 느낌과 생각'을 담은 글이기 때문이다. 감상문은 일기를 쓰는 것처럼 특별한 형식 없이 글쓴이의 개인적인 느낌이나 생각이 자유롭게 표현된 글이다. 감상문의 내용은 주로 작품 감상의 동기와 어느 정도의 작품 줄거리 그리고 작품에 대한 개인적인 감상으로 구성된다. 그래서 감상문이 비록 논증 형식의 글은 아니지만 글쓴이의 생각을 가감 없이 표현하는 글이기 때문에 주장하는 글의 유형으로도 분류가 가능하다는 것이다.

감상문은 감상하는 대상에 따라 여러 가지 유형으로 구분된다. 예를 들면 어떤 책을 읽고 책에 대한 느낌이나 생각을 쓰면 독서 감상문이며, 영화를 보고 영화에 대한 느낌이나 생각을 쓰면 영화 감상문이다. 감상문은 특별한 형식 없이 자유롭게 글쓴이가 감상하는 과정 속에서 느낀 바를 구체적으로 풀어 나가면서 쓰는 글이다. 다만, 감상문을 쓸 때 주의할 점은 대상 작품의 주제에서 벗어나면 안 된다는 점이다.

감상문에서 특별하게 정해진 형식은 없다. 그러나 감상문도 3단 구성으로 쓰면 독자가 글의 내용을 이해하기 쉽다. 먼저 도입부인 서론에서는 대상이나 작품을 감상하게 된 동기나 대상이나 작품에 대해 받은 가장 주요한 인상을 간단하게 쓰면 좋다. 도입부는 독자의 흥미를 유발하는 부분이므로 이를 고려해 쓰도록 한다. 전개부인 본론에서는 감상한 대상에 대한 묘사나 줄거리보다는 서론에서 밝힌 감상하면서 가장 인상 깊었거나 감동을 받았던 내용을 자신의 느낌이나 생각과 함께 쓰면 좋다. 예를 들어 인상 깊었던 내용이나 줄거리를 쓴 다음에 그것에 대한 글쓴이의 느낌과 생각을 개인적인 경험에 비추어 쓴다. 여기서 주의할 점은 제시할 내용이나 줄거리는 내 생각과 느낌의 근거라는 점이다. 마무리부인 결론에서는 대상이나 작품을 감상하고 난 후의 소감이나 깨달음, 평가 등을 쓰거나 자신의 느낌이나 생각을 정리하면 된다.

🔍 **함께 찾기 13** 아래에 예시된 글은 비평문이다. 비평문의 특징을 생각하면서 아래의 글을 분석적으로 읽어 보자.

[예시 3]

〈왕의 남자〉
-기존의 사관을 뒤집어 보는 낯선 시도-

 분석하기

사극이란 무엇인가? 그것은 한낱 회고조거나 복고풍의 이야기에 불과한가? 과거로 거슬러 올라가는 사람은 발터 벤야민의 말처럼 한 방향으로 왜곡된 결을 다른 쪽으로 솔질하여 현재와 대면하고 싶어 한다. 현재와의 접점이 없다면 사극은 한가한 회고지향에 지나지 않을 것이다. 이준익 감독은 전작 〈황산벌〉에 이어 〈왕의 남자〉로 기존의 사관을 뒤집어 보는 낯선 시도를 펼치고 있다. 〈황산벌〉이 왕과 장군의 시각에서 평민 '거시기'의 시각으로 역사를 새로 쓴다면, 〈왕의 남자〉는 왕과 광대를 대비하며 왕의 존재론을 다시 바라본다.

굳이 연산군을 택한 까닭은 무엇일까. 연산군은 사도세자와 더불어 조선 시대 왕족 가운데 가장 비운의 주인공으로 꼽히며 거듭하여 사극의 주인공이 되는 인물 중 하나다. 사도세자는 동정의 눈물을 자아낸다. 연산군은 향락과 패악, 장녹수와의 인연, 어머니의 억울한 죽음 따위로 축소되어 기껏 관음증 환자로 평가된다. 이준익은 기득권의 사관과 야사가 결합한 연산군의 이미지를 따라가면서도 연산군에게 신권에 대하여 왕권을 강화하려는 군주, 예민한 감성으로 풍류를 즐길 줄 아는 관객, 풍자까지도 끌어안을 줄 아는 너그러운 검열관의 이미지를 새롭게 묘사하였다.

연산군은 관객의 운명을, 스크린을 보고 있는 관객 앞에서 시연해 보인다. 연산군은 금기와 풍자의 즐거움을 만끽한다. 심지어 절대권력인 자신을 풍자하는 예술의 유쾌함을 맛본다. 그리고 비리로 얼룩진 신하들의 세계를 유추하며 통쾌해한다. 연산군은 예술이라는 창을 통해 자신의 깊은 상처인 어머니의 죽음과 대면하고, 왕권을 신권 아래 두려는 신하들의 권력욕을 들여다본다. 여기서 한 발 더 나아간 연산군은 관객의 운명을 넘어서 예술 창작을 모방하며 즐기는 단계까지 나아간다. 연산군은 공길과 그림자

극, 인형극을 함께 놀면서 창작의 비밀까지 움켜쥐려 하는 것이다. 하지만 연산군은 거기서 만족하지 못하고 예술이라는 '창'을 깨고 들어간다. 거기엔 재현된 사실과 진짜 사실을 가르는 어떤 표지가 없다. 연산군은 거기에서 현기증을 느끼고 헤어 나오지 못한다.

  이준익은 이렇게 폭군 연산군의 이미지에 가려져 있던 섬세하고 신경질적이며 상처받은 한 관객의 초상을 길어 올린다. 동시에 관객과 배우의 운명을 되짚어 본다. 관객은 예술을 흥하게도 망하게도 할 수 있는 절대권력자이지만 끝없이 배우의 운명을 부러워한다는 것이다. 또한 예술은 현실을 더 밝게 들여다볼 수 있는 창이지만, 어디까지나 그것은 바닥에 어두운 심연을 깔고 있는 허구라는 것이다. 현실과 허구 사이를 가뿐하게 넘나들며 역사를 즐기는 태도도 한결 여유롭다. 궁중 풍자극에서 보여준 성생활극의 활력은 꽤나 흥겹다. 연산군이 그림자극으로 자신의 상처의 기원을 거슬러 올라가는 장면이나, 피비린내 나는 권력 다툼과 동물로 분장한 광대의 놀이가 한데 어울린 후원 사냥놀이 장면은 가슴이 싸해지기까지 한다.[10]

과제 1. 위에서 제시된 [예시 3]에서 주장과 이를 뒷받침할 수 있는 전제(근거)들을 찾아보자.

주장	
근거 1	
근거 2	
근거 3	
근거 4	

[예시 4]

<악마를 보았다>

 분석하기

　이 세상에는 참혹하고 잔인한 수많은 범죄가 일어나고 있다. 특히 살인, 강간 등 강력한 처벌 대상이 되는 그런 범죄들이 내 주위 사람 혹은 나 자신에게 일어났다면 어떻게 되었을까 하는 생각을 하게 만드는 영화가 바로 <악마를 보았다>이다. 영화의 이야기는 자신의 아내가 토막 살인을 당하고 나서 평범한 가장에서 미쳐버린 악마로 변한 한 남자와 광기에 물든 연쇄 살인마의 대결 구도로 전개된다. 여기서 사람은 어느 누구나 내면에 악한 본성을 가지고 있으며 그것을 드러내게 되는 순간 어쩌면 흉악한 범죄자들보다도 더한 악마가 될 수 있다는 것을 보여준다.

　영화는 관객들에게 재미와 즐거움을 제공하거나 교훈을 준다. 하지만 <악마를 보았다>는 그런 보통의 영화가 가지고 있는 틀을 벗어나 단지 영화 제목처럼 '악마' 그 자체를 보여주려 한 영화이다. 그만큼 현실에서 충분히 일어날 수 있는 스토리를 바탕으로 평범한 한 남자가 살인마로 바뀌는 과정을 섬세하게 표현해 냈다. 또한 영화의 사건 전개는 관객들이 영화에 충실하게 몰입하며 감정이입을 할 수 있도록 빈틈이 없다.

　내용적인 측면에서 이 영화는 그저 그런 삼류 영화 같다. 영화 속 주인공은 자신의 모든 것을 내려놓고 살인마에게 복수하는 것만을 목표로 삼는다. 자기 아내가 당한 고통보다 훨씬 더한 고통을 안겨 주기 위해 살인마를 충분히 죽일 수 있는 상황에서 죽지 않을 정도의 고통을 주며 잡았다 놓아 주었다 하는 행동을 반복한다. 이러한 내용을 통해 영화가 관객에게 얘기하고자 하는 내용은 사람은 상황에 따라 충분히 바뀔 수 있다는 것뿐이다. 어느 것이 옳고 그른가, 살인범에게 상해를 가한 남자의 행동은 정당화될 수 있나 하는 가치 판단을 해야 하는 상황에서 이 영화는 우리의 판단력을 흐리게 만들 수 있다. 우리나라의 법으로 살인마에게 그의 죄에 합당한 심판을 받게 할 수 없는 상황에서 어떤 선택을 할 수 있을지 생각하게 만들었지만 주인공이 한 결정이 옳은 것이었는지를 따져 보면 대답은 당연히 아니다. 우리 사회에는 공

> 동체가 정해 놓은 법이라는 사회 규범이 존재하고 그 사회에 속한 사람이면 법에 따라 행동하고 심판받아야 마땅하다. 이러한 상황에서 악마가 된 남자의 행동은 더 흉악한 범죄 혹은 복수가 복수를 낳는 연속적인 범죄를 야기할 수 있다.
>
> 　영화 〈악마를 보았다〉에서 가장 아쉬운 점은 이 영화를 관람하고 나서 느낀 것이 아무것도 없다는 것과 영화를 보고 난 관객들이 씁쓸함을 느끼게 만든 것이다. 탄탄한 스토리 구성과 장면 하나하나에 관객들을 몰입시키는 배우들의 연기력이 영화를 주목하게 만들었지만 영화가 사회적인 문제를 다루고 있는 만큼 올바른 길이 무엇인가에 대한 내용이 추가되어야 한다고 생각한다. 그러한 부분이 수정 및 보완되었을 때 영화 〈악마를 보았다〉가 더욱 빛나지 않을까 싶다.[11]

과제 2. 위에 제시된 [예시 4]에서 주장과 이를 뒷받침할 수 있는 전제(근거)들을 찾아보자.

주장	
근거 1	
근거 2	
근거 3	
근거 4	

생각 풀기 7 비평문을 쓰기 위해서는 먼저 비평의 대상이 되는 작품을 분석적으로 읽는 것(대상을 분석적으로 들여다본다는 의미에서 영화 역시 읽는다고 표현할 수 있다.)이 선행되어야 한다. 자신의 눈으로 꼼꼼하게 작품을 읽고 작품과 관련하여(주제, 인물, 배경, 사건, 스토리라인, 플롯, 작가의 의도 등) 자신의 주장을 쓰고 이에 대한 근거를 정리하는 훈련을 거듭해야 보다 설득력 있는 비평문을 완성할 수 있다. 이러한 점을 고려하여 아래의 과제 순서에 따라 영화 비평문 쓰기를 위한 주장과 근거를 정리해 보자.

과제 1. 영화를 보고, 영화와 관련된 나의 주장을 작성해 보자. 영화와 관련된다면 어떠한 주장이든 좋다. 그리고 나의 주장에 대한 근거를 네 가지 이상 정리해 보자.

주장	
근거 1	
근거 2	
근거 3	
근거 4	

과제 2. 앞에서 정리한 나의 주장과 근거가 논리적으로 타당한가? 주장이나 근거에서 부족한 부분이 있거나 문제가 있으면 이를 고쳐서 다시 써 보자. 그리고 왜 그렇게 고쳤는지를 아래의 표를 이용해 간략하게 정리해 보자.

주장	
근거 1	
근거 2	
근거 3	
근거 4	
고친 이유	

과제 3. 책을 읽고, 책과 관련된 나의 주장을 작성해 보자. 책과 관련이 있다면, 어떠한 주장이든 좋다. 그리고 나의 주장에 대한 근거를 네 가지 이상 찾아서 아래의 표에 정리해 보자.

주장	
근거 1	
근거 2	

근거 3	
근거 4	

과제 4. 앞에서 정리한 나의 주장과 근거가 논리적으로 타당한가? 주장이나 근거에 부족한 부분이 있거나 문제가 있으면 이를 고쳐서 다시 써 보자. 그리고 왜 그렇게 고쳤는지를 아래의 표를 이용해 간략하게 정리해 보자.

주장	
근거 1	
근거 2	
근거 3	
근거 4	
고친 이유	

더 알아보기

비평문은 논증의 특징이 포함된 글로 감상문과 다르게 글쓴이의 주장이 강력하게 드러나는 글이다. 보통 비평문은 글쓴이의 작품 해석에 가치 판단이 포함되며, 사회적으로 문제를 제기하기도 하는 글이다. 따라서 비평문에는 글쓴이가 하고자 하는 비평의 논지가 명확하게 드러나야 하며 이에 대해 독자들이 납득할 만한 근거가 적절하고 타당하게 제시되어야 한다. 여기서 비평이 부정적인 것만은 아니라는 사실을 명심해야 한다. 비평문은 무조건적으로 비판하는 글이 아니라, 작품에 대한 글쓴이의 애정과 관심이 담겨 있는 글이기 때문이다. 관심이 없다면 비평할 이유도 없다. 따라서 좋은 비평문에는 비평 대상 작품의 단점 또는 문제점과 함께 작품의 장점에 대한 평가나 향후 발전할 수 있는 충고와 격려의 내용도 포함되어 있다.

비평문은 논증이 꼭 필요한 글이므로 3단 구성의 형식이 제일 적합하다. 바로 '서론-본론-결론'의 형식이다. 서론에서는 왜 이 작품을 비평하게 되었는지에 대한 배경을 설명하거나 글쓴이의 비평을 간단하게 제기하면 좋다. 본론에서는 서론에서 글쓴이가 주장한 비평 또는 대상에 대한 해석이나 평가에 대한 객관적인 근거들을 제시한다. 여기서 논증이 필요하다. 마지막으로 결론에서는 비평 대상에 대한 다양한 측면에서의 평가를 덧붙여 향후 비평 대상이 더욱 발전할 수 있도록 한다.

    비평문을 쓸 때 주의할 점은 다음과 같다. 첫째, 비평문은 느낌만 나열하는 감상문이 아니다. 주관적인 비평이나 해석에는 반드시 객관적인 근거가 필요하다는 사실을 주의해야 한다. 둘째, 비평문에는 대상이나 작품에 대한 나만의 새로운 해석과 평가가 담겨야 한다. 비평문은 비평의 대상이나 작품에 대해 새로운 해석이나 평가를 제시하여 독자에게 새로운 이해의 가능성을 넓혀 주고 흥미를 갖도록 하는 글이기 때문이다.

2. 적용과 활용

활동과 분석을 통해 '설득'을 위한 논증의 형식과 방법에 대해 알아보았다. 이 절에서는 설득을 위한 논증의 여러 형식과 방법을 다양한 주제에 적용해 보고, 이를 설득을 목적으로 하는 다양한 장르의 글에서도 활용해 보자.

2.1. 적용하기

1) 논설문 쓰기

적용하기 1 설득력 있는 논설문을 작성하기 위해서는 문제에 대한 비판적 사고가 필요하다. 다음에 제시된 논제들을 비판적으로 분석하고, 그 결과를 서로 논의해 보자.

과제 1. 다음의 논제에 대해 다양한 관점에서 논의해 보자. 1번부터 5번까지 적혀 있는 문제 외에 더 생각해 볼 문제를 빈칸에 각각 정리해 보자.

논제: 사형 제도는 필요한가?

1. 누구에게 사형을 선고하는가?
2. 어떤 경우에 사형을 선고하는가?
3. 누가 사형을 선고(판결)하는가? 혹 판결이 잘못되었다면?

4. 인간이 인간을 사형시킬 수 있는가? 그렇다면 그것도 살인이 아닌가?

5. 사형 제도는 왜 필요한가? 흉악 범죄를 줄이기 위해서?

6.

7.

8.

9.

10.

과제 2. 다음의 논제를 다양한 관점으로 논의해 보자. 1번부터 5번까지 적혀 있는 문제 외에 더 생각해 볼 문제가 있다면, 찾아서 아래의 빈칸에 각각 정리해 보자.

논제: 반값 등록금 정책은 시행되어야 하는가?

1. 누가 등록금을 책정하고 있는가?

2. 반값 등록금 시행에 따른 효과는 무엇인가?

3. 반값 등록금 시행에 따른 문제는 무엇인가?

4. 교육의 질이 떨어지더라도 등록금을 인하해야 하는가?

5. 반값 등록금 정책은 왜 필요한가?

6.

7.

8.

9.

10.

✅ 적용하기 2 앞서 [적용하기 1]에서 논의한 내용을 바탕으로 각각의 주제에 대한 나의 입장을 정리하자. 그리고 이를 활용하여 논설문을 완성해 보자.

과제 3. [과제 1]의 논의를 활용하여 '사형 제도'에 대한 나의 입장을 정하자. 내 입장을 주제문으로 정리하고, 이에 대한 근거를 네 가지 이상 찾아서 아래의 표에 정리해 보자.

주제문	

과제 4. [과제 2]의 논의를 활용하여 '반값 등록금 정책'에 대한 나의 입장을 정하자. 내 입장을 주제문으로 정리하고, 이에 대한 근거를 네 가지 이상 정리해 보자.

주제문	

적용하기 3 앞서 정리한 내용을 토대로 주제문을 도출하고, 이를 바탕으로 논설문을 완성해 보자.

과제 1. '사형 제도'에 대하여 나만의 주제문을 도출하고, 1문단(250자 이내)의 논설문을 써 보자.

주제문	

과제 2. 앞의 논의를 활용하여 '반값 등록금 정책'에 대하여 나만의 주제문을 도출하고, 1문단(250자 이내)의 논설문을 써 보자.

주제문	

적용하기 4 [적용하기 3]에서 작성한 나의 주장과 반대되는 주장을 주제문으로 정리해 보자. 그리고 이 주제문에 대한 근거를 들어 1문단(250자 이내)의 논설문을 완성해 보자.

과제 3. '사형 제도'에 대한 나의 주장과 반대되는 주장을 주제문으로 쓰고 이에 대한 근거를 네 가지 정도 제시해 보자.

주제문	
주장	
근거 1	
근거 2	
근거 3	
근거 4	

과제 4. 앞의 [과제 3]에서 작성한, '사형 제도'에 대한 나의 새로운 주장과 근거를 바탕으로 1문단(250자 이내)의 논설문을 완성해 보자.

주제문	

과제 5. '반값 등록금 정책'에 대한 나의 주장과 반대되는 주장을 주제문으로 쓰고 이에 대한 근거를 네 가지 정도 제시해 보자.

주제문	
주장	
근거 1	
근거 2	
근거 3	
근거 4	

과제 6. [과제 5]를 활용하여 '반값 등록금 정책'에 대하여 나만의 주제문을 도출하고, 2문단(500자 이내)의 논설문을 써 보자.

주제문	

적용하기 5 앞서 찬성과 반대의 입장에서 특정 주제에 대한 주장과 근거를 각각 정리해 보았다. 이제 이 두 입장의 주장과 근거를 다시 읽어 보자. 찬성과 반대 중 어떠한 주장이 더 설득력 있어 보이는가? 설득력 있어 보이는 주장과 근거를 정한 다음, 그 이유를 정리해 보자.

과제 7. '사형 제도'에 대한 주장 두 가지를 제시한 다음, 각 주장에 대한 근거를 아래 표에 간략하게 정리해 보자.

주장 1		주장 2	
주제문		주제문	
근거 1		근거 1	

근거 2		근거 2	
근거 3		근거 3	
근거 4		근거 4	

과제 8. '사형 제도'에 대한 주장 1과 주장 2 중 어떠한 주장이 더욱 설득력 있어 보이는가? 최선의 주장을 정한 다음, 주장을 정한 이유를 정리해 보자.

최선의 주장	
이유 1	
이유 2	
이유 3	

과제 9. '반값 등록금 정책'에 대한 주장을 두 가지 제시한 다음, 각 주장에 대한 근거를 아래 표에 간략하게 정리해 보자.

주장 1		주장 2	
주제문		주제문	
근거 1		근거 1	
근거 2		근거 2	
근거 3		근거 3	
근거 4		근거 4	

과제 10. '반값 등록금 정책'에 대한 주장 1과 주장 2 중 어떠한 주장이 더욱 설득력 있어 보이는가? 최선의 주장을 정한 다음, 그 주장이 최선이라고 생각한 이유를 아래의 표에 정리해 보자.

최선의 주장	

이유 1	
이유 2	
이유 3	

☑ **적용하기 6** 설득력 있는 논설문을 쓰기 위한 방법 중의 하나로 내 주장과 반대되는 주장을 먼저 제시하고 이 주장의 문제점을 보여주는 방법이 있다. 이런 방법을 쓰면 나와 반대되는 주장과 그 근거의 문제점을 독자에게 구체적으로 보여줄 수 있고, 또한 내 주장과 근거를 제시하면서 각각의 입장의 장단점을 비교할 수 있기 때문에 나의 주장과 근거의 설득력을 강화할 수 있다. 앞서 정리한 내용을 참고하여 다음 조건에 따라 논설문을 작성해 보자.

조건	① 500자 이내의 2문단으로 완성한다. ② 첫 문단에서는 내가 주장하고자 하는 내용과 반대되는 주장-근거를 들고 이 주장-근거의 문제점을 밝힌다. ③ 두 번째 문단에서는 내가 하고 싶은 주장-근거를 정리하고 이 주장-근거가 더 타당함을 밝힌다. ④ [적용하기 1]~[적용하기 6]에서 수행한 과제 1) ~ 과제 10)을 참고하여 정리한다.

과제 11. '사형 제도'에 대한 내 입장을 주제문으로 정리한 후, 위의 [조건]을 준수하여 2문단(500자 이내) 정도의 논설문을 써 보자.

주제문	

과제 12. '반값 등록금 정책'에 대한 내 입장을 주제문으로 정리한 후, 앞의 [조건]을 준수하여 2문단(500자 이내) 정도의 논설문을 써 보자.

주제문	

2) 감상문 쓰기

☑ **적용하기 7** 감상문을 작성하기 위해서는 어떤 대상에 대해 감상하고 그 느낌이나 감상을 솔직하게 작성할 필요가 있다. 그림, 영화, 책 등 다양한 감상의 대상을 찾고, 선택한 대상을 감상한 다음, 감상의 결과를 감상문으로 표현해 보자.

과제 1. 감상할 대상이 무엇인지 쓰고, 이 대상의 특징에 대해 논의한 후 이를 세 가지 이상 정리해 보자.

감상 대상	
대상의 특징	

과제 2. 대상에 대한 느낌과 함께, 대상과 관련해서 떠오른 나의 경험이나 생각을 솔직하게 이야기해 보자.

느낌과 감정	
감상하며 떠오른 경험	
감상하며 떠오른 생각	

과제 3. 앞에서 작성한 내용을 토대로 2문단(500자 이내) 정도의 감상문을 써 보자.

주제문	

3) 비평문 쓰기

적용하기 8 비평문에는 비평의 논지가 명확하게 드러나고, 그에 대해 독자들이 납득할 수 있는 근거가 적절하게 제시되어 있어야 한다. 그러기 위해서는 비평 대상에 대한 충분한 고민이 필요하다. 말하자면 글쓴이의 문제의식과 함께, 대상에 대한 주관적인 해석과 평가 그리고 그에 대한 객관적인 근거 등에 대한 고민들이다. 스승과 관계된 영화 중 한 편을 선정하여 영화를 보고 친구들과 함께 '진정한 스승'에 대해 아래와 같이 질문을 만들며 논의해 보자.

과제 1. 영화와 현실 사회를 비교하는 질문을 만들며 이에 대해 간략하게 답을 작성해 보자.

> 📝 영화와 현실 사회를 비교해 보자.

1. 영화 속 스승과 현실의 스승에 차이가 있는가?

2. 학생들이 원하는 스승의 모습은 어떠한가?

1부. 설명과 발표
2부. 설득과 토론

과제 2. 영화와 관련된 나의 주장을 한 가지 정하고 이 주장에 대한 근거를 세 가지 이상 들어 보자.

주제문	
주장	
근거 1	
근거 2	
근거 3	

적용하기 9 다음 단계에 따라 영화 비평문을 작성해 보자.

과제 1. 영화에 대한 기본적 내용(영화 정보)을 써 보자.

과제 2. 영화의 줄거리를 정리해 보자.

과제 3. 영화 속 스승과 관련하여 제기할 수 있는 주장을 두 가지 이상 써 보자.

과제 4. 영화에 대해 긍정적으로 평가하는 부분을 찾아 100자 이상으로 정리하자.

과제 5. 영화에 대해 부정적으로 평가하는 부분을 찾아 100자 이상으로 정리하자.

과제 6. 앞의 작성 내용을 토대로 영화 비평문을 완성해 보자(500자~1000자 선택).

✅**적용하기 10** 비평문을 바탕으로 논설문을 쓸 수 있다. 비평문에서 비평 대상에 대한 분석과 평가를 지우고, 내가 주장하고자 했던 바를 중심으로 쓰는 것이다. 앞서 작성한 비평문을 참고하여 주장과 근거로 내용을 재구성하여 논설문을 작성해 보자.

과제 1. 앞서 쓴 영화 비평문을 참고하여, 내가 생각하는 진정한 스승은 어떠한 사람인지를 주장하고, 이에 대한 논거를 들어 논설문을 완성해 보자(500자~1000자 선택).

2.2. 활용하기

1) 논설문 쓰기

🔖 **활용하기 1** '한국 사회의 저출산 문제에 대한 해결책'에 관한 글을 쓰기 위해 다음과 같은 주제문을 생각해 보았다. 아래의 주제문을 활용하여 1문단(250자 정도)의 제안서(논설문)를 써 보자.

주제문	우리나라의 출산 장려 지원 정책이 확충되어야 한다.

🔖 **활용하기 2** 철학자 아리스토텔레스는 "인간은 사회적인 동물이다."라고 주장하였다. 이 주장이 설득력을 가질 수 있도록 주장에 대한 타당한 이유와 적절한 근거를 세 가지 이상 제시하여 설득하는 목적의 글을 써 보자.

아리스토텔레스가 말했듯이 "인간은 사회적인 동물"이 분명하다. 왜냐하면

활용하기 3 아래의 조건을 고려하여 '인간 복제는 이루어져야 하는가?'라는 논제(논점)로 설득하는 목적의 글을 써 보자.

조건	① 1문단(250자 내외)의 두괄식 구성으로 작성할 것. ② '주장-이유-근거'의 형식으로 작성할 것. ③ 다음과 같은 주장하는 표현을 사용하여 작성할 것. 　~할 수 있다/~할 수 없다/~해야 한다/~해서는 안 된다/~이 필요하다/ 　~로 간주된다/~야 옳다.

2) 비평문 쓰기

활용하기 4 아래의 [서평 예시]를 참조하여 서평을 써 보자.

『죽음을 어떻게 맞이할 것인가』

　삶과 죽음에 관한 연구, '생사학'에 관한 최고의 작품으로 평가받고 있는 이 책의 저자 알폰스 데켄 박사는 1932년 독일에서 태어났고, 미국 뉴욕에서 철학을 공부하고, 일본 상지대학교에서 학생들을 가르치고 있다. 데켄이 이 책을 집필하게 된 동기는 제2차 세계대전이 한창이던 초등학교 시절, 조국 독일에서 연합군 폭격기의 공격으로 친한 친구와 그 가족이 죽는 모습을 보고 난 후 삶과 죽음의 의미에 대하여 진지하게 고민을 하게 된 것이다.

　저자는 이 책에서 죽음을 위한 준비는 누구도 대신해 줄 수 없고, 오직 자신만이 자신의 생명의 소중함을 깨우쳐야 한다고 말한다. 그리고 이러한 깨우침은 자신의 삶을 보다 윤택하고 바람직하게 이끌 수 있다고 한다. 말하자면 어떻게 죽음을 맞이할 것인가를 통하여 남아 있는 자신의 삶을 어떻게 살 것인가를 진지하게 고민하고 계획할 수 있다는 것이다. 또한 이 책에서는 자신의 구체적인 경험을 토대로 죽음을 맞이하는 여러 가지 양상을 보여준다. 먼저 죽음 준비 교육인 생사학의 의미와 필요성에 대하여 말한다. 다음으로는 죽음으로 인한 가족의 슬픔과 비탄을 겪는 과정, 그것을 극복하기 위한 준비 과정을 설명한다. 그 다음으로는 삶을 끝내는 방식으로서의 존엄한 죽음과 안락사, 죽음의 공포와 그것을 극복하는 방법을 이야기한다. 마지막으로 작가는 이 책에서 죽음이 갖는 다양한 의미를 철학자의 견해와 구체적인 여러 사례들을 통하여 보여주면서 생사학이 현대인의 삶에서 중요함을 전달한다.

이 책은 죽음이란 어둡고 거부감이 느껴지는 소재를 다루고 있고, 철학적인 성찰을 요구하는 내용으로 구성되어 있다. 때문에 책의 전체적인 분위기가 어두울 수 있고 또한 내용이 어려울 수 있다. 하지만 책의 전체적인 분위기는 매우 밝고, 내용 또한 전혀 어렵지 않아서 누구나 쉽게 읽을 수 있다. 죽음을 끝으로 보지 않고 새로운 시작으로 보고자 하는 작가의 의도가 독자에게 이 책이 밝고 긍정적인 면으로 다가오지 않을까 싶다. 그러나 작가가 이 책에서 죽음을 준비하라고 말하는 내용의 결론이 왠지 종교적인 귀결, 즉 종교를 가질 것을 권유하고 있지는 않나 하는 느낌을 갖게 한다.

이 책은 모든 사람들이 언젠가 만나게 되는 죽음이 결코 두려운 것이 아니라 적극적으로 준비하고 대처해야 할 것임을 우리에게 일깨워 준다. 또한 죽는 사람과 살아남아 있는 사람들에 대한 상호 좋은 추억거리를 마련해 두는 것이 필요함을 가르쳐 준다. 무엇보다도 소중한 가르침은 남아 있는 자신의 삶에 대한 진지한 고민을 통한 적극적인 인생을 설계하게끔 하는 것이다. 이 책은 인생을 살면서 누구나 한 번쯤은 반드시 읽어 보아야 할 책이라고 생각한다. 인간에게 있어 삶과 죽음보다 더 중요한 것이 있을까 싶다. 이 책을 읽으면서 자신의 삶과 사랑하는 가족이 얼마나 소중한 존재인가를 다시 한 번 생각해 보기를 바란다.[12]

서평 대상 책의 제목:

서평의 제목:

주제문:

서평 쓰기

활용하기 5 아래의 [영화 비평문 예시]를 참조하여 영화 비평문을 써 보자.

〈타인의 삶〉

- 동독 정부의 사회주의 체제, 그리고 실체 -

 영화 〈타인의 삶〉은 동독의 사회주의를 '감시'의 방법으로 잘 보여준다. 사회주의 동독 정부는 개인의 자유로운 사상을 나타내는 예술 활동을 강력히 탄압하기 위하여, 타인에 의한 '감시'라는 체제로써 작가와 배우를 수용소로 잡아들인다. '감시'는 동독 정부가 만든 수십만 명의 비밀경찰 '슈타지'가 철저히 임무를 수행한다. 주인이 잠깐 나간 사이 한정된 짧은 시간 안에 침입한 흔적이 남지 않도록 작가의 집에 도청 장치를 설치하는 장면과 도청 장치 설치 사실을 알게 된 옆집 아주머니에게 가해지는 협박 장면에서 동독의 사회주의가 얼마나 국민들을 철저히 감시하고 있는지 알 수 있다. 정부는 동독의 국민들을 마치 곤충들을 박제해서 전시해 놓은 것 같은 모습을 상상하게 한다.

〈타인의 삶〉에서 '감시'는 체계적인 교육을 통해 길러진다. 영화의 도입 부분에서 비즐러의 강의 장면이 나온다. 대학에서의 강의 내용은 도청 수업이며 비즐러 교수 역시 비밀경찰이고 도청 전문가라는 점, 그리고 이 수업이 아주 오랫동안 진행되었다는 점에서 동독의 사회주의와 체계적인 교육 방식을 알 수 있다. 대학의 입학 기준에는 사회주의를 잘 인지하고 따를 것인지가 포함되었을 것이다. 도청 수업 중 사회주의 체제가 인권이 없고 비인간적인 행위라는 발언을 한 학생의 이름 옆에 체크를 하는 비즐러의 모습에서 대학이 동독의 사회주의 체제를 완성시키고 비밀경찰을 양성하는 곳임을 드러낸다.

무엇보다 정치적 신념을 동독의 사회주의와 일치시켜 살아온 비즐러는 사회주의를 감시하면서 변화한다. 그는 암호명 HGW xx/7로서 작가 드라이만과 배우 크리스타를 도청하는 임무를 수행한다. 하지만 그의 임무가 드라이만의 사상 때문이 아닌 문화부 장관의 개인적인 감정으로 이용되고 있다는 것을 알게 되면서 점차 감시에 대한 정당성과 임무, 사명감에 회의를 느낀다. 그 이후 비즐러의 묵인과 거짓 보고를 통해 동독의 사회주의 체제에 대한 반항 또는 사상적 변화가 일어났음을 볼 수 있다. 그리고 드라이만이 서독 잡지에 폭로하고자 쓰고 있던 동독이 자살률을 숨기는 현실을 도청하면서 알게 되는 장면에서 그가 감시하고 도청한 것은 드라이만이 아닌 동독 정부의 사회주의 체제에 대한 실체라는 것을 깨닫는 비즐러의 변화임을 나타낸다. 비즐러가 드라이만의 타자기를 숨긴 이유도 드라이만이 계속해서 동독 정부의 국민들에 대한 감시와 억압적인 사회주의 체제를 서독 잡지에 폭로해 주기를 원했다고 생각한다.

크리스타의 죽음은 동독이 자살률을 숨기는 현실이다. 드라이만이 서독 잡지에 폭로한 기사 내용이고, 그 기사와 관련된 사람 중 한 명인 크리스타는 동독 정부의 협박을 받는다. 크리스타에게 불법 마약 혐의와 배우로서의 인생 마감이라는 협박과 심문은 그녀가 사랑하는 드라이만이 수용소로 끌려갈 결정적인 증거를 털어놓게 하며 슈타지의 새로운 정보원이 되게 한다. 집에서 드라이만을 마주한 크리스타는 죄책감 때문에 달려오는 트럭에 몸을 던져 자살하고 만다. 그녀의 자살 속에는 동독 정부의 억압된 사회주의 체제가 담겨 있다. 동독 정부의 인권이 없는 비인간적인 협박과 심문은 국민들의 자살률을 높이는 이유이고, 그래서 동독 정부는 국민들의 자살률을 숨기며 국민들에게 사회주의 체제를 강요한 모습을 알 수 있다.

〈학생 글〉[13]

비평 대상 영화의 제목:

영화 비평문의 제목:

주제문:

영화 비평문 쓰기

3. 응용

지금까지 '설득'을 위한 논증의 형식과 방법 그리고 설득하는 글의 유형과 주제에 따라 적용되는 다양한 설득의 양상에 대해 알아보았다. 이 절에서는 설득하는 글을 토론을 위한 글로 바꿔 보고, 이를 실제로 토론에 응용해 보도록 하자.

3.1. 토론의 특징과 형식 찾기

응용하기 1 아래의 글 ㉮와 ㉯는 토론과 토의에 대하여 설명한 글이며, 그림 ㉰는 토의, 토론, 협의, 의논, 논쟁의 관계를 나타낸 그림이다. 아래의 자료를 바탕으로, 토론과 토의가 무엇인지 알아보자.

㉮ 토론(debate)이란 어떤 문제에 대해 찬반의 의견이 분명한 사람들이 각자 자신의 주장을 논리적으로 내세워, 그것이 옳음을 입증하는 의사소통의 과정을 뜻한다. 토론은 서로 대립되는 주장을 가진 사람들이 각각 자신의 주장이 옳음을 입증하는 말하기로 자칫하면 문제의 해결보다는 감정에 치우쳐 상대방과 적대관계가 되어 마음을 상하게 하기 쉽다. 그러므로 토론 참가자들은 문제의 성격을 정확히 주지하고, 주제와 관련된 지식이나 정보를 조사, 연구하는 등 사전준비를 철저히 해야 한다. 그리고 토론에 임해서는 인신공격을 하거나 감정적으로 비판하지 않도록 주의해야 한다.

토의(discussion)란 공동의 관심사가 되는 어떤 문제의 가장 바람직한 해결 방안을 찾기 위해 집단 성원이 협동적으로 의견을 나누는 과정을 의미한다. 토의는 아주 사소한 일에서부터 국가의 정책을 결정하는 일과 같이 중요한 문제에 대하여 지식이나 정보, 의견 등을 서로 교환하는 일이다. 토의 과정에서 문제를 여러 가지 측면에서 이해하게 되고, 다양하게 제시된 해결 방안 중에서 최선의 방안을 결정할 수 있다.

토론은 논쟁으로서 자신의 의견을 상대방에게 설득시키기 위한 일련의 과정으로 서로 다른 의견을 가진 사람들끼리 근거를 들어 이야기를 주고받으며, 결국 자신의 의견에 동의하도록 만드는 활동이다. 반면에 토의는 합의로 '한 가지 결론에 대한 공통된 생각들을 전제로 의견을 종합하는 일련의 과정'으로 목적은 같은데 방법상 여러 가지가 있을 때, 가장 효과적인 방법을 찾아내기 위해 의견을 종합하는 과정에서 사용된다.[14]

㉯ 토론과 토의의 다른 점을 좀 더 구체적으로 비교해 보면 다음과 같다. 첫째, 토론은 자신의 견해와 주장을 상대방에게 설득시키는 과정이나, 토의는 여러 사람들과 의논과 협의를 통해 최선의 해결책을 찾아내는 과정이다. 둘째, 토론은 이미 세워져 있는 주장을 상대에게 설득하는 것을 목적으로 하고, 토의는 주어진 문제에 대한 해답을 함께 찾아가는 것을 목적으로 한다. 셋째, 토론은 상

대방과 의견 대립이 먼저 존재하고 대립하는 가운데 자신의 편으로 설득시키고자 하는 논증적·변증법적 사고를 바탕으로 진행되나, 토의는 협의를 목적으로 하는 일종의 집단적·협력적 사고를 바탕으로 진행된다. 넷째, 토론은 정해진 규칙과 절차에 맞게 논의를 전개하지만, 토의는 정해진 절차 없이 서로 자유스럽게 의논하고 발언하는 방식으로 전개한다.

㈐ 토의, 토론, 협의, 의논, 논쟁의 관계(신재한 외 2013:13)

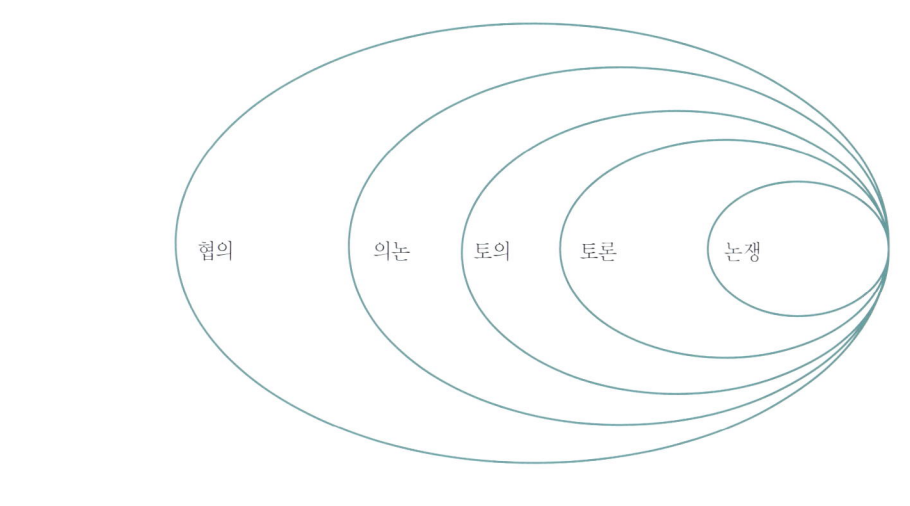

과제 1. 토론과 토의를 각각 정의해 보고 토론과 토의의 공통점과 차이점을 정리해 이야기해 보자.

	토론	토의
정의		
공통점		
차이점		

과제 2. 토론과 논쟁에는 어떤 공통점과 차이점이 있는지 이야기해 보자.

	토론	토의
공통점		
차이점		

더 알아보기

[1] 토론과 토의를 형식과 목적별로 비교·대조해 보면 다음과 같다.

내용 \ 종류	토론 Debate	토의 Discussion
목적	주로 찬반이 대립하는 의견 대립의 상황을 해결하기 위해	찬반의 의견이 대립이 분명하지 않고, 여러 사항을 고려하여 좀 더 최선의 결론을 도출하기 위해
형식	토론의 유형별로 정해진 형식과 절차	자유로운 의견 개진 및 교환의 형식
말하는 사람	양측(찬성/반대) 주장자	모든 참여자
상호관계	상호 대립적	상호 협조적
특징	분명한 찬반 관계가 형성 상호 간의 의견 대립이 전제(대립적 접근)	상호 협력적 접근 의견 대립 지양, 타협 가능
사고의 형식	논증적 사고 변증법적 사고	협력적 사고 집단적 사고
결론의 도출 방법	- 논거(증거)를 제시하여 각 주장의 정당성을 입증 - 상대 주장의 모순을 입증하기 위해 주장의 논점을 파악하고 반박하기 위한 근거를 모색	집단사고 과정을 거쳐 최선의 해결책을 모색
예시	안락사, 허용해도 좋은가? ⇒안락사를 시행해야 할지 말아야 할지에 대한 결정을 내리기 위해	글쓰기 교육, 어떻게 할 것인가? ⇒글쓰기 교육을 하기 위한, 최선의 방안을 모색하기 위해

[2] 토론의 종류와 진행 단계
- 토론은 형식에 제약이 없는 자유 토론과 형식이 정해져 있는 아카데미 토론으로 나뉜다. 일반적인 토론의 종류와 진행 방식은 다음과 같다.

토론의 종류	구성원 수	진행 단계	특징
찬반 대립 토론	① 개인 또는 집단 토론 ② 찬반 집단의 수를 동일하게 유지	입론 → 심문 → 반박 → 판정	찬반 집단 토론의 형식으로 찬반의 논제에 대해 찬반 구성원 수를 같이 하여 진행
링컨 더글라스 토론(Lincoln-Douglas Debate)	개인 대 개인의 토론 (1:1)	찬성 측의 발언 기회 4회, 반대 측의 발언 기회 3회. 숙의 시간이 없음. 긍정 측의 의견 제시 → 부정 측의 심문(교차 조사) → 부정 측의 의견 제시 → 긍정 측의 심문 → 긍정 측의 반박 → 부정 측의 반박 → 긍정 측의 반박의 7단계	개인 대립 토론으로 개인의 토론 실력에 따라 승패가 좌우됨. 가치 토론에서 주로 사용(윤리, 철학, 가치)※1858년의 대통령선거를 위한 중간선거에서 민주당의 S.더글러스와 공화당의 A.링컨 사이에서 벌어졌던 토론(노예 제도)에서 유래
CEDA (Cross Examination Debate Association) 토론	소수 집단 토론 (2:2)	〈입론-교차 조사-반박〉 긍정 측 1번 토론자의 입론 → 부정 측 2번 토론자의 심문 → 부정 측 1번 토론자의 입론 → 긍정 측 1번 토론자의 심문 → 긍정 측 2번 토론자의 입론 → 부정 측 1번 토론자의 심문 → 부정 측 2번 토론자의 입론 → 긍정 측 2번 토론자의 심문 → 부정 측 1번 토론자의 반박 → 긍정 측 1번 토론자의 반박 → 부정 측 2번 토론자의 반박 → 긍정 측 2번 토론자의 반박의 12단계	정책 토론에서 주로 사용하는 토론 형식으로 미국 대학 간 토론대회에서 널리 쓰이는 방식
의회 토론 (Parliamentary Debate)	소수 집단 토론 (2:2)	심문(교차 조사) 시간이 형식에 포함되어 있지 않고, 상대가 발언하는 동안 보충 질의를 요청하는 것이 가능. 정부 1번 토론자의 입론 → 야당 1번 토론자의 입론 → 정부 2번 토론자의 입론 → 야당 2번 토론자의 입론 → 야당 1번 토론자의 반론 → 정부 1번 토론자의 반론	영국의 의회 토론 방식으로 의사진행 발언, 신상 발언을 통해 토론 규칙 위반이나 인신공격에 대한 제지가 가능한 토론. 찬성 측의 발언이 마지막임.
칼 포퍼 토론 (Karl Popper Debate)	소수 집단 토론 (3:3)	1번의 입론과 2번의 반론의 순서. 찬성 1번 토론자의 입론 → 반대 3번 토론자의 심문 → 반대 1번 토론자의 입론 → 찬성 3번 토론자의 심문 → 찬성 2번 토론자의 반론 → 반대 1번 토론자의 심문 → 반대 2번 토론자의 반론 → 찬성 1번 토론자의 심문 → 찬성 3번 토론자의 반론 → 반대 3번 토론자의 반론	정책 토론이나 가치 토론 모두에서 쓰일 수 있음. 반대 측의 반론이 마지막임. 각 단계마다 상대방에 대한 심문을 진행하는 토론 형식으로 반론을 중요하게 여기는 토론 형식. 칼 포퍼는 인간의 지식은 항상 오류의 가능성이 있으므로 합리적 비판이 필요하며, 모든 지식은 추측과 반박을 통해 발전한다고 하였음.

통합적 의사소통 능력을 키우는
통통 글쓰기 2

응용하기 2 토론의 주제로는 사실 판단이 가능하거나 가치 판단이 가능하거나 또는 정책적인 실천이 필요하거나의 세 가지 유형이 적당하다. 아래에 제시된 토론 주제를 분석해 보고, 이와 관련해 자료를 찾아 분석한 다음, 각 주제에 대해 자신의 입장을 정해 보자.

과제 1. 각 논제가 사실, 가치, 정책 중 어떤 유형의 주제에 속하는지 판단해 보자.

논제	(1) 어떤 유형의 주제인가? (2) 왜 그렇게 판단했는가?
㉮ 담배는 건강을 해친다.	(1) (2)
㉯ 개인의 이익보다 단체의 이익이 우선이다.	(1) (2)
㉰ 한국의 의무교육을 확대해야 한다.	(1) (2)
㉱ 사형 제도를 시행해야 한다.	(1) (2)
㉲ 반값 등록금 제도를 전 대학에 강제적으로 시행해야 한다.	(1) (2)
㉳ 저출산 문제를 해결하기 위해서는 청년층의 3포 문제부터 해결해야 한다.	(1) (2)

과제 2. 토론의 논제는 설득하는 글에서의 주제문으로 볼 수 있다. 그러나 토론은 글이 아니라 말로 표현되는 현장성을 가진 의사소통 방식이다. 따라서 토론의 논제는 설득하는 글의 주제문보다 좀 더 고려해야 할 사항이 많다. 바로 시의성, 공공성, 대립성의 조건이다. 또한 쟁점이 분명히 드러날 수 있도록 하기 위해 형식적인 표현도 고려해야 한다. 이러한 점을 고려하여 토론의 주제인 논제가 갖춰야 할 조건을 내용과 형식으로 나누어 생각해 보고, 위에서 분석한 논제들도 이 조건에 맞춰 다시 분석해 보자.

논제가 갖춰야 할 조건		이유
내용		
형식		

💡 더 알아보기

※ 토론 주제를 찾을 때 다음과 같은 내용을 미리 고려하자.
① 이 주제와 관련하여 사람들이 느끼는 문제점은 무엇인가?
② 이 문제로 인해 발생하는 사회적 파장이나 파생 문제가 무엇인가?
③ 문제의 원인은 무엇인가?
④ 문제의 해결 방안이나 대안에는 어떤 것들이 있는가?
⑤ 찬/반의 입장은 어떤 근거를 가지고 있는가?

응용하기 3 [응용하기 2]에서 분석한 논제 중 하나를 정한 다음, 선택한 논제에 대해 찬성과 반대 입장으로 나누어 자료를 찾아 정리해 보자.

논제	
찬성 입장의 자료 목록 정리	반대 입장의 자료 목록 정리

더 알아보기

토론을 위한 자료는 객관적이어야 한다. 객관적인 자료는 출처가 분명하고, 주제와 관련성이 높아야 하며 전문적인 자료여야 한다. 또한 매체 등에서 2차로 인용된 자료보다는 1차 자료, 즉 원 자료(책, 논문, 보고서, 인터뷰 원문, 통계 자료 등)를 확보하도록 노력해야 한다. 토론을 위한 자료를 확보할 때는 찬성과 반대 입장의 자료를 모두 확보하는 것이 좋다. 자료는 하나더라도 찬성과 반대의 입장에 걸친 자료일 수도 있기 때문이다. 따라서 토론을 위한 자료 확보 시 다음과 같은 자료 분석 메모를 작성하면 토론할 때 이용하기 쉽다.

자료 명:
쟁점:
자료 출처:
찬·반 관련 판단:
자료 내용 요약:
자료의 유형(통계, 인터뷰, 논문, 보고서, 단행본, 기사):
관련 주제:

마지막으로 찾아낸 자료들이 논제를 입증하기에 충분한 양인지, 검증이 가능한 자료인지, 편향적 관점의 자료는 아닌지를 고려해 자료를 수집하고 분류할 필요가 있다.

3.2. 토론문 작성하기

응용하기 4 토론을 할 때에는 상대 측에 대한 반박이 매우 중요하다. 따라서 상대 측의 입장과 함께 그 입장을 뒷받침하는 근거들이 어떤 것인지 파악할 필요가 있다. 아래에 제시된 입장이 상대방의 입장이라고 생각하고, 제시한 각 근거(1~4)에 대한 반박(1~4)을 작성해 보자.

	안락사 반대 입장	찬성 입장 반박하기
주장	안락사는 허용되어서는 안 된다.	
근거 1	생명을 경시하는 사회 분위기가 형성되기 때문이다. 생명에 관한 문제는 언제나 심각하게 고민되어야 할 문제이다. 하지만 안락사가 시행될 경우 생명을 가벼이 여기는 생명 경시의 풍조를 불러올 가능성이 있다.	
근거 2	타인의 판단으로 생명을 결정하는 것은 옳지 않기 때문이다. 환자는 살려는 의지가 있지만, 가족이나 의료진에 의해 연명 치료가 중단될 수도 있다. 이는 환자의 의지와는 다르므로, 살인 행위이다.	
근거 3	제도를 악용할 가능성이 있기 때문이다. 법적·제도적 장치가 미비한 안락사가 시행될 경우 이해관계 등에 의해 사회적 약자를 처리하는 방법으로 악용될 가능성이 있다. 외국의 경우 실제 이런 사례들이 있다.	
근거 4	안락사는 자살과 같기 때문이다. 겉으로 보면 다르지만 속을 들여다보면 자살과 안락사는 동일하다. 사회에서 자살은 막으려고 하면서 안락사는 허용한다면 이것은 위선이다.[15]	

응용하기 5 토론을 효과적으로 진행하기 위해서는 토론 개요서가 필요하다. 토론 개요서를 쓴다는 것의 의미는 논제를 논리적으로 분석하고, 입장에 맞는 근거를 바탕으로 논증하는 과정을 경험한다는 것이다. 3.1절의 [응용하기 3]에서 결정한 주제에 대해 찬성 측과 반대 측의 토론 개요서를 작성해 보자.

토론 개요서		
논제		
용어 정의		
논제 제기 배경		
쟁점		
주장1	찬성 측	반대 측
근거		
주장2	찬성 측	반대 측
근거		
주장3	찬성 측	반대 측
근거		

 더 알아보기

> 토론 개요서는 발표 계획서와 같은 역할을 한다. 토론 개요서를 작성할 때는 찬성 측과 반대 측 입장으로 나누어 작성해야 하며, 논제에 대해 예상되는 주장이나 논점들을 최대한 고려해 작성하는 게 좋다.

	토론 개요서	
논제	논제는 될 수 있으면 중립적으로, 그리고 평서형으로 쓴다. 예) 전면 무상 급식을 시행해야 한다.	
용어 정의	논제의 주요 용어의 개념을 쓴다. 토론 과정에서 논의되어야 할 주요 개념들도 여기 제시한다. 예) 무상 급식은 세금을 재원으로 하여 학생들에게 학교 급식을 무상으로 제공하는 것을 가리킨다.	
논제 제기 배경	논제를 제기하게 된 사회 문화적 배경을 제시한다. 예) 전면 무상 급식 시행은 꾸준히 논란이 되어 온 문제이다. 야당은 전면 무상 급식에 찬성하는 입장이며 현 여당은 대선 공약으로 제시했음에도 불구하고, 현재는 전면 무상 급식을 반대하는 입장을 취하고 있다. 2013년 3월 2일자로 국회 농림수산식품위원회의 김춘진 의원이 제시한「전국 229개 시군구별 무상 급식 실시 현황」과「시도별 초중고 무상 급식 학교 현황」자료에 의하면, 전국 시도별로 무상 급식의 경우, 72.6%의 비율로 시행되고 있으며 그 중 초등학교가 94.6%, 중학교가 75%, 고등학교가 13%의 비율로 시행되고 있다고 한다. 〈출처: 2013년 3월 2일자 민주통합당 국회의원 김춘진 보도 자료〉	
쟁점	쟁점은 논제에 내재된 사실이나 가치, 실천 의지와 관련된 진술이다. 문제의 심각성과 지속성, 해결 가능성, 변화의 가능성, 정책의 경우 실행 가능성도 고려해서 쟁점을 찾아야 한다. 보통 의문문의 형식으로 쓴다. 예) 전면 무상 급식 시행은 의무교육의 연장인가?	
	주장은 쟁점에서 드러나는 찬성 또는 반대의 입장 중 하나를 택해 이를 평서문으로 쓰면 된다. 그리고 근거는 주장을 뒷받침해 주는 객관적이고 사실적인 정보여야 한다. 근거를 제시할 때에는 될 수 있으면, 원 자료를 제시하는 게 좋다.	
	찬성 측	반대 측
주장1	예) 무상 급식은 의무교육의 연장이다.	
근거	예) 2016년 ○○월 ○○일자 ○○의원의 OECD 국가 의무교육 포함 사항 조사 결과에 따르면, OECD 국가 ○○개국 중 90%인 ○○개국이 의무교육의 범주에 무상 급식을 포함시키고 있다……(생략)	
	찬성 측	반대 측
주장2		
근거		
	찬성 측	반대 측
주장3		
근거		

응용하기 6 형식이 정해진 아카데미 토론은 찬성 측과 반대 측의 '입론'으로 토론을 시작한다. 이 입론에서 필요한 글의 유형이 설득하는 글의 유형으로, 토론에서는 토론 입론서 또는 토론의 기조연설문이라고 부른다. 토론의 입론서를 작성할 때는 'PREP 기법'을 고려하면 좋다. PREP 기법은 핵심 메시지(Point), 이유(Reason), 근거나 사례(Example/Evidence), 핵심 메시지(Point)의 첫 글자를 딴 것으로 컨설팅 회사인 맥킨지에서 제시한 설득 기법이다. 이 PREP 기법을 고려해 아래의 토론 입론서를 분석해 보자.

논제: 전면 무상 급식을 시행해야 한다.
입장: 찬성

나는 무상 급식을 찬성한다. 과거 무상 급식으로 인해 오세훈 서울시장은 시장직을 사퇴하였다. 그리고 시의회의 조례안에 따른 현행 무상 급식 체제는 그대로 유지될 가능성이 높아졌다. 게다가 정치권뿐만 아니라 일반 시민들 사이에서도 무상 급식에 대해 여전히 의견이 엇갈리고 있다. 또한 무상 급식과 관련하여 각종 패러디 동영상과 만화들이 등장하면서 무상 급식 찬반논쟁은 점점 더 뜨거워지고 있는 것이 현실이다.

먼저 무상 급식의 찬반논쟁에 앞서 무상 급식이란 무엇인지에 대해 알아보겠다. 무상 급식이란 세금을 재원으로 하여 학교에서 학생으로부터 돈을 받지 않고 급식을 하는 것을 말한다. 이 무상 급식은 저소득층과 사회적 약자를 위해 실시되는 경우가 많으며, 일부 교육 현장에서는 소득에 관계없이 실시되기도 한다. 교육과학기술부와 전국 시도 교육청에 따르면 올해 전국에서 무상 급식을 받는 초중고생은 저소득층 88만 1천 명, 학교 단위 46만 6천 명을 합쳐 전체 학생의 18%인 134만 7천 명이라고 한다. 이는 지난해 97만 명에서 36만 명, 즉 5% 정도가 더 늘어난 것이다. 현재 서울, 부산, 인천, 대구, 강원 등 5개 시도 교육청은 저소득층 무료 급식을 제외하고는 무상 급식을 하지 않고 있다.

다시 한 번 말하지만, 나는 무상 급식을 찬성한다. 그 이유는 다음과 같다. 첫 번째로 의무 교육하에서 무상 급식은 의무 교육의 연장이기 때문이다. 의무 교육은 말 그대로 의무적인 교육을 가리킨다. 내가 학교 가기 싫다고 해서 안 가는 것이 아니라 국가에서 교육을 의무사항으로 지정해 준 것이다. 그렇다면 아이들이 무상 급식의 혜택을 받는다는 것 역시 그 일환으로 볼 수 있다. 즉, 무상 급식 또한 초/중 의무 교육의 연장선이다.

두 번째로 현 수요자 부담 급식 제도는 아이들에게 차별 의식을 심어줄 우려가 있다. 요즘 아이들은 우리가 생각하는 것보다 영특하고 지적 성장이 빠르다. 이런 아이들에게 수요자가 급식료를 부담하는 차별적인 혜택은 아이들 사이에서도 우월감을 조성하는 영향을 줄 가능성이 있다. 이러한 점은 결국, 낙인효과를 통해 자라나는 아이들에게 너무나 부정적인 영향을 끼치게 될 것이다.

세 번째로 복지 관련 예산의 증편 필요성이다. 우리나라의 복지 예산은 OECD국가 평균 복지 예산의 1/3도 안 되는 약 28%(86조 원) 수준이다. 우리나라의 복지 예산이 수치적으로 턱없이 부족한 것이 사실임을 알 수 있다. 물론 그 나라의 사정에 맞게 예산이 책정되는 것이다. 그러나 객관적으로 보았을 때 차이가 많이 나는 것은 사실이다. 공과대학에서 엔지니어링 분야를 공부하여 경제 및 경영에 관심과 지식이 없는 내가 봐도 이러한 사실은 매우 부끄러운 점이라고 생각된다. 우리나라! 선진국다운 면모를 보이고 싶다면 이런 부분은 멘토 및 우상으로서 좀 따라해도 글로벌적으로 긍정적인 영향을 끼쳤으면 끼쳤지, 적어도 부정적인 영향은 끼치지 않을 것이다.

물론 급식에 대해 아이들의 의식을 바꾸는 것이 더 중요할 수도 있다. 하지만 그러한 측면의 부분은 교육을 통해 해결할 일이라고 생각한다. 무상 급식을 주는 것과 주지 않는 것으로 정책이 실행된다면 아이들의 의식은 쉽게 바뀌지 않을 것이다. 학습으로 아이들의 의식을 바꾸는 것이 아니라 보고 느낄 수 있도록 하는 것이 가장 좋은 교육이다. 모두 다 같이 밥을 먹으며 모두 같은 대우를 받는, 동등한 자격을 지닌 인간이라는 인식이 더 중요하다고 생각한다. 정치인들의 비리가 조금씩 줄고, 부자들의 의식이 바뀌고 기부 문화가 활성화되는 사회가 조성된다면 무상 급식 제공 정도의 예산은 충분히 충당할 수 있는 수준이라고 생각하기 때문이다. 어른들의 정치 다툼에 아이들의 밥그릇까지 빼앗는 것은 부당하다. 따라서 부자든 가난한 사람이든 아이들이 교육의 연장으로 무상 급식의 혜택을 받는 것은 반드시 필요한 사항이다.

〈학생 글〉

과제 1. 위의 입론서를 PREP 기법으로 분석해 보고, 분석한 결과를 바탕으로 위의 입론서에서 개선하면 좋을 사항을 정리해 보자.

P-주장(핵심 의견)	
R-이유(추상적 근거)	
E-사례(객관적·구체적 사례)	
P-주장(핵심 의견의 강조, 요약)	

개선이 필요한 부분	

과제 2. '전면 무상 급식 시행'을 주제로, 찬성 또는 반대의 입장을 정해 한 문단 정도의 입론서를 작성해 보자.

논제	
P-주장(핵심 의견)	
R-이유(추상적 근거)	
E-사례(객관적·구체적 사례)	
P-주장(핵심 의견의 강조, 요약)	

한 문단으로 입론하기

항목	내용
P	나는 _____에 대해 ___합니다.
R	왜냐하면 _____때문입니다.
E	예를 들어
P	지금까지 말씀드린 것처럼 _____은/는 _____ (라는) 점에서 그러므로

 더 알아보기

토론의 입론 또는 기조연설의 전개 방식의 예를 들면 다음과 같다.

1단계: 의견 – 본 주제에 대하여 저희 팀은 찬성(반대)합니다.
2단계: 근거 – 왜냐하면…(사례 중심의 근거 제시)
3단계: 마무리 – 따라서 저희 팀은 찬성(반대)의 입장입니다.

(1) 주제에 대한 해석 및 소개, (2) 주제에 포함된 핵심 어휘의 정의, (3) 주제에 대한 찬반의 주장 포인트를 제시하는 것이 보통이다. 이중 (3)에 대해서는 주의하는 것이 좋다. 찬반의 포인트를 주장하면서 의욕에 넘쳐 지나치게 여러 가지를 나열식으로 주장하면 오히려 역효과이다. 사람의 머리가 한꺼번에 그렇게 많은 정보를 처리할 수 없기 때문이다. 따라서 자신의 주장 포인트를 3~4가지로 정리해서 말하는 것이 가장 효과적이다. 그래야 발언자도 명확히 정리된 상태에서 발언할 수 있고, 심판이나 청중도 또렷이 알아들을 수 있다. 발언자는 이상의 내용을 한두 문장으로 요약한 후 발언을 마치는 것이 좋다.

PREP기법에 따라 한 문단 정도의 입론서 작성의 예를 들면 다음과 같다.

P 주장- 핵심 의견 (1. 남녀공학 운영 찬성) R 이유- 추상적 근거 (2. 이성을 배려하는 방법 익힘) E 사례- 구체적 예 (3. 형/오빠, 냄새, 자주 씻음) P 강조- 요약 (4. 남녀공학, 생활 속 배려심)	(1. 남녀공학 운영 찬성)에 대한 토론 입안 예시: 나는 남녀공학으로 학교를 운영하는 것에 찬성한다. 학교는 지식 습득과 함께 살아가는 데 필요한 교양과 인성을 익히는 곳이다. 남녀공학으로 학교를 운영하면, 학생들은 이성을 배려하는 방법을 학교생활 중에 익힐 수 있다. 예를 들어 토론자의 형은 남자 중학교를 다닐 때는 지독하게 씻지 않는 사람이었으나 남녀공학인 고등학교에 진학한 후부터 상대방을 배려하기 위해 자주 씻는 사람이 되었다. 이와 같이 남녀공학으로 학교를 운영하면, 생활 속에서 이성을 배려하는 방법을 배울 수 있으므로 나는 남녀공학으로 학교를 운영하는 것에 찬성한다.

응용하기 7 [응용하기 5]에서 작성한 토론 개요서와 [응용하기 6]에서 살펴본 PREP 기법을 바탕으로 3분 정도로 말할 분량의 입론서를 작성해 보자.

논제:

3.3. 토론과 평가하기

응용하기 8 3.2절의 [응용하기 7]에서 작성한 입론서를 바탕으로 찬성과 반대 측으로 팀을 나눈 다음, 사회자를 정해 아래의 순서에 따라 간단한 아카데미 토론을 진행해 보자.

과제 1. 주제를 정한 후, 토론 단계와 단계별 시간 배분을 고려하여 토론을 진행해 보자.

토론 단계	발언자와 발언의 성격	시간(분)	누적 시간(분)
입론	찬성 1토론자의 입론	3	6
	반대 1토론자의 입론	3	
논박 1	반대 2토론자의 심문	1	9
	찬성 1토론자의 답변	2	
논박 2	찬성 2토론자의 심문	1	12
	반대 1토론자의 답변	2	
숙의 시간	논박 쟁점 사항 정리	2	14
논박 3	찬성 1토론자의 심문	1	17
	반대 2토론자의 답변	2	
논박 4	반대 1토론자의 심문	1	20
	찬성 2토론자의 답변	2	
숙의 시간	논박 쟁점 사항 정리	2	22
자유 논박	자유 교차 논박 및 답변	4	26
정리	반대 2토론자의 입장 정리	1	28
	찬성 2토론자의 입장 정리	1	

과제 2. [과제 1]에서 진행한 토론의 내용을 요약하여 정리해 보자.

논제		
토론 팀명		
	안락사 반대 입장	찬성 입장 반박하기
입론	찬성 1토론자의 입론	
	반대 1토론자의 입론	

논박 1	반대 2토론자의 심문	
	찬성 1토론자의 답변	
논박 2	찬성 2토론자의 심문	
	반대 1토론자의 답변	
숙의 시간	논박 쟁점 사항 정리	
논박 3	찬성 1토론자의 심문	
	반대 2토론자의 답변	
논박 4	반대 1토론자의 심문	
	찬성 2토론자의 답변	
숙의 시간	논박 쟁점 사항 정리	
자유 논박	자유 교차 논박 및 답변	

정리	반대 2토론자의 입장 정리	
	찬성 2토론자의 입장 정리	

 더 알아보기

[1] 사회자
- 사회자는 발언자의 발언권을 시간에 맞게 배분하고, 의견 조정이 필요할 경우 최소로 개입해야 한다.
- 사회자는 토론이 공정하게 이루어질 수 있도록 토론 규칙을 숙지하여 토론을 진행해야 한다.
- 사회자는 중립적인 입장을 유지해야 한다.

[2] 토론자
- 토론은 합리적인 합의를 통해 문제를 해결하는 과정이다.
- 토론 주제에서 벗어나지 않도록 한다. 그러기 위해서는 주제를 충분히 분석하여 논증할 근거를 확보해야 한다.
- 의견이 다르더라도 상대의 권리를 존중해야 한다.
- 토론 예절과 토론 방법을 지켜야 한다.
- 토론을 할 때에는 정확하고 객관적인 근거만을 사용해야 하며, 인용 시에는 반드시 출처를 밝혀야 한다.

과제 3. 앞서 시행한 토론을 아래의 평가표 중 하나를 이용해 평가해 보자.

토론 평가표 1				
토론논제				
사회자				
토론자	찬성 측 ｜ 제1 토론자:　　　　　제2 토론자:			
	반대 측 ｜ 제1 토론자:　　　　　제2 토론자:			
구분	평가 항목	찬성팀		반대팀
공통	- 표현이 효과적이고 명료한가(언어적·비언어적 표현)? - 토론의 예절 및 토론 규칙을 준수했는가?			
입론	- 토론 주제의 논점과 쟁점을 분명하게 표현했는가? - 주장에 대해 객관적이고, 적절한 논거를 제시했는가?	1 2 3 4 5	제1 토론자	제1 토론자	1 2 3 4 5
논박 1	- 상대방 주장의 핵심을 파악하여 표현하였는가? - 상대 측 논리의 문제점을 적절히 찾아 논박했는가? - 상대 측의 지적에 대해 적절히 대응했는가? [교차 조사 질문(심문)] - 상대 측의 질문에 적절하게(논리/양) 답변했는가? - 질문으로 토론의 쟁점을 명확히 하였는가? - 상대 측 주장의 허점을 적절히 파악해 논박했는가?	1 2 3 4 5	제1 토론자의 답변	제2 토론자의 논박	1 2 3 4 5
논박 2	- 상대방 주장의 핵심을 파악하여 표현하였는가? - 상대 측 논리의 문제점을 적절히 찾아 논박했는가? - 상대 측의 지적에 대해 적절히 대응했는가? [교차 조사 질문(심문)] - 상대 측의 질문에 적절하게(논리/양) 답변했는가? - 질문으로 토론의 쟁점을 명확히 하였는가? - 상대 측 주장의 허점을 적절히 파악해 논박했는가?	1 2 3 4 5	제2 토론자의 논박	제1 토론자의 답변	1 2 3 4 5
숙의 시간				
논박 3	- 상대방 주장의 핵심을 파악하여 표현하였는가? - 상대 측 논리의 문제점을 적절히 찾아 논박했는가? - 상대 측의 지적에 대해 적절히 대응했는가? [교차 조사 질문(심문)] - 상대 측의 질문에 적절하게(논리/양) 답변했는가? - 질문으로 토론의 쟁점을 명확히 하였는가? - 상대 측 주장의 허점을 적절히 파악해 논박했는가?	1 2 3 4 5	제1 토론자의 논박	제2 토론자의 답변	1 2 3 4 5
논박 4	- 상대방 주장의 핵심을 파악하여 표현하였는가? - 상대 측 논리의 문제점을 적절히 찾아 논박했는가? - 상대 측의 지적에 대해 적절히 대응했는가? [교차 조사 질문(심문)] - 상대 측의 질문에 적절하게(논리/양) 답변했는가? - 질문으로 토론의 쟁점을 명확히 하였는가? - 상대 측 주장의 허점을 적절히 파악해 논박했는가?	1 2 3 4 5	제2 토론자의 답변	제1 토론자의 논박	1 2 3 4 5

숙의 시간						
자유 논박	– 남은 쟁점 사항을 모두 논박하였는가? – 논박에 대해 적절한 답변을 제시했는가?	1 2 3 4 5				1 2 3 4 5
정리	– 반론에서 부족한 부분을 보충했는가? – 토론의 핵심 쟁점이 무엇인지를 잘 정리하였는가? – 최종 입장 또는 결론을 효과적으로 강조하였는가?	1 2 3 4 5	제2 토론자의 주장 정리	제2 토론자의 주장 정리		1 2 3 4 5
점수 합계		1	2	총점	1	2	총점
총평						

토론 평가표 2

토론논제	
사회자	
토론자	찬성 반대

구분	평가 항목	찬성팀			반대팀		
논리/체계	(1) 자료의 객관성 (2) 자료의 체계성 (3) 논증의 논리성 (4) 논증의 체계성	좋음	보통	나쁨	좋음	보통	나쁨
협동 (협조)	(1) 토론 팀 내의 협동 (2) 토론 팀 간의 협조	좋음	보통	나쁨	좋음	보통	나쁨
창의성	(1) 독창적인 논점/ 쟁점 (2) 독창적이고 창의적인 제안과 해결책 (3) 다양한 자료	좋음	보통	나쁨	좋음	보통	나쁨
문제 해결 능력	(1) 변화 가능한 문제 해결 능력 (2) 실용적 문제 해결 능력	좋음	보통	나쁨	좋음	보통	나쁨
표현과 태도	(1) 언어적 표현 (2) 비언어적 표현	좋음	보통	나쁨	좋음	보통	나쁨
형식	(1) 토론 규칙과 시간 (2) 토론 예절	좋음	보통	나쁨	좋음	보통	나쁨

과제 4. 좋은 토론은 좋은 청중이 만든다. 청중으로서의 자신을 아래의 평가 기준을 이용해 평가해 보자.

청중으로서의 나 평가표				
구분	평가 항목	평가 척도		
태도	- 토론자들의 토론을 경청하였는가?	좋음	보통	나쁨
이해	- 토론자들의 토론 내용을 메모 등을 통해 능동적으로 이해하려고 노력하였는가?	좋음	보통	나쁨
참여	- 청중 참여 시 토론의 주제와 진행 흐름을 고려하여 질의하였는가?	좋음	보통	나쁨
총평				

과제 5. 토론을 진행한 나의 모습에 대해 평가해 보고 토론 소감문을 작성해 보자.

토론자로서의 나 평가표				
구분	평가 항목	평가 척도		
태도	- 상대 측의 입론과 논박을 경청하였는가? - 입론과 논박, 정리 시의 표현은 언어와 비언어적 측면에서 적절하였는가? - 토론의 형식과 규칙을 잘 준수하였는가?	좋음	보통	나쁨
논리	- 주장에 대해 충분하고 객관적인 자료로 근거를 제시하였는가? - 논리적인 비약은 없었는가?	좋음	보통	나쁨
통일	- 논제에 대해 일관성을 유지하였는가?	좋음	보통	나쁨
참여	- 상대 측의 의견을 효과적으로 논박하였는가?	좋음	보통	나쁨
협력	- 집단 토론 시 구성원 간의 협력에 최선을 다하였는가?	좋음	보통	나쁨
총평				

토론 소감문

내가 참여한, 또는 청중으로 참관한 토론에 대해 느낀 점을 한 문장으로 표현해 보자. 이 문장을 주제문으로 하여 250자 분량의 토론 소감문을 작성해 보자.

3.4. 모둠 토론하기

응용하기 9 늘 형식과 시간에 맞춰 토론을 진행할 수는 없다. 이 절에서는 형식과 시간이 정해지지 않은, 자유 토론을 통해 일상생활 속에서의 민주적인 의사 결정의 과정을 경험해 보자.

과제 1. 모둠을 구성해 아래의 단계에 따라 주어진 주제에 대해 자유 토론을 진행해 보자.

1	토론 모둠을 만든 후, 사회자와 대표 기록자를 정하자.	
순번	역할	이름
1	사회자	
2	기록 및 토론 참여자	

3	토론 참여자	
4	토론 참여자	
5	토론 참여자	
6	토론 참여자	
7	토론 참여자	

※ 자유 토론에서의 사회자는 주어진 시간 안에 결론을 도출할 수 있도록 시간을 안배하는 역할을 맡는다.

2 주어진 토론 주제에 대해 찬성과 반대 입장의 주장과 근거를 마련하자. | 제한 시간: 5분

주제		주장과 근거
부실 대학 퇴출 문제	찬성 주장	
	찬성 근거	
	반대 주장	
	반대 근거	
연예인 대학 특례 입학 문제	찬성 주장	
	찬성 근거	
	반대 주장	
	반대 근거	
	찬성 주장	
	찬성 근거	
	반대 주장	
	반대 근거	
	찬성 주장	
	찬성 근거	
	반대 주장	
	반대 근거	

3	찬성과 반대 모둠이 모여 토론을 진행하자.		
토론 주제			
토론 모둠 명	찬성:		반대:

(1) 자유 토론 준비하기 | 제한 시간: 10분

소속 모둠	상대 모둠
① 모둠 의견 종합하기	① 반론 예상하기
② 근거 자료 제시하기	② 반론의 근거 자료 예상하기
③ 반론 가능성 파악하기	③ 반론 가능성 파악하기
④ 반론에 대한 대응 방안 마련하기	④ 반론에 대한 대응 방안 마련하기
⑤ 대응 방안의 근거 제시하기	⑤ 대응 방안의 근거 제시하기

(2) 자유 토론 진행하기: 사회자의 주도하에 찬성 측과 반대 측의 기조연설로 시작하고, 찬성 측과 반대 측의 입장 정리로 토론을 마무리하자. | 제한 시간: 15분

토론 기록지			
소속 모둠		상대 모둠	
발언자	발언 내용	발언자	발언 내용

4	모둠별로 토론의 결과를 정리해 발표해 보자.
토론 결과	

과제 2. 앞서 진행한 자유 토론에 대해 모둠과 토론에 참여한 나로 나누어 평가해 보자.

모둠 평가표					
구분	평가 항목	평가 척도		
태도	– 토론 참여자들은 각 발언자들의 발언을 경청하며 호응하였는가?	좋음	보통	나쁨
이해	– 토론 참여자들은 각 발언자의 발언 내용을 메모 등을 통해 능동적으로 이해하려고 노력하였는가?	좋음	보통	나쁨
참여	– 토론 참여자들은 토의의 흐름을 고려해 적극적으로 토의에 참여하였는가?	좋음	보통	나쁨
결과	– 모두의 의견이 종합된 최선의 결과가 토론을 통해 도출되었는가?	좋음	보통	나쁨
총평				

토론 참여자로서의 나 평가표				
구분	평가 항목	평가 척도		
태도	- 나는 각 발언자들의 발언을 경청하며 호응하였는가?	좋음	보통	나쁨
이해	- 발언자들의 발언 내용을 메모 등을 통해 능동적으로 이해하려고 노력하였는가?	좋음	보통	나쁨
참여	- 나는 토론의 흐름을 고려해 적극적으로 토의에 참여하였는가?	좋음	보통	나쁨
결과	- 토론의 결과에 만족하는가?	만족	보통	불만족
총평				

3.5. 모둠 토의하기

응용하기 10 토론이 의사를 한 쪽으로 모으기 위해 진행하는, 민주적이고 합리적인 의사 결정의 과정이라면, 토의는 여럿의 지혜를 모으는 과정이다. 이 절에서는 자유로운 모둠 토의 방식 중 하나인 버즈(buzz) 토의를 통해 문제를 해결하는 과정을 경험해 보자.

과제 1. 버즈 토의는 6명으로 구성된 집단이 6분간 토의한다는 뜻으로 6×6 토의라고도 한다. 집단을 구성한 다음, 아래의 단계에 따라 주어진 주제에 대해 버즈 토의를 진행해 보자.

1	토의 모둠을 만든 후, 사회자와 대표 기록자를 정하자.	
순번	역할	이름
1	사회자	
2	기록 및 토의 참여자	
3	토의 참여자	
4	토의 참여자	

5	토의 참여자	
6	토의 참여자	
7	토의 참여자	

2	토의 주제를 결정하고, 이 주제를 선정한 이유를 간단하게 기록하자. | 제한 시간: 3분	
주제		**주제 선정 이유**
인터넷 악성 댓글 근절 방안		
층간 소음 대책		

3	최선의 해결책을 찾기 위해 2에서 정한 주제로 토의를 해 보자. | 제한 시간: 6분	
선정 주제		
발언자		발언 내용

4	주제에 대한 우리의 토의 내용을 정리한 다음 그 결과를 발표해 보자.
	우리의 토의 내용

| |

과제 2. [과제 1]에서 진행한 버즈 토의에 대해 모둠과 토의에 참여한 나로 나누어 평가해 보자.

모둠 평가표					
구분	평가 항목	평가 척도		
태도	– 토의 참여자들은 각 발언자들의 발언을 경청하며 호응하였는가?	좋음	보통	나쁨
이해	– 토의 참여자들은 각 발언자의 발언 내용을 메모 등을 통해 능동적으로 이해하려고 노력하였는가?	좋음	보통	나쁨
참여	– 토의 참여자들은 토의의 흐름을 고려해 적극적으로 토의에 참여하였는가?	좋음	보통	나쁨
결과	– 모두의 의견이 종합된 최선의 결과가 토의를 통해 도출되었는가?	좋음	보통	나쁨
총평				

토의 참여자로서의 나 평가표					
구분	평가 항목		평가 척도		
태도	– 나는 각 발언자들의 발언을 경청하며 호응하였는가?		좋음	보통	나쁨
이해	– 발언자들의 발언 내용을 메모 등을 통해 능동적으로 이해하려고 노력하였는가?		좋음	보통	나쁨
참여	– 나는 토의의 흐름을 고려해 적극적으로 토의에 참여하였는가?		좋음	보통	나쁨
결과	– 토의의 결과에 만족하는가?		만족	보통	불만족
총평					

 더 알아보기

요즘 대학 입시, 기업의 면접 등에서 모둠 토론, 즉, 소집단 토론을 진행하는 경우가 많다. 토론을 통해 리더십, 배려심, 협동 능력, 순발력, 종합적 지식 운용 능력 등을 짧은 시간에 살펴볼 수 있는 평가를 할 수 있기 때문이다. 아카데미 토론이든 자유 토론이든 토론을 할 때 중요한 것은 세 가지이다.

첫째, 토론에서 '나'의 입장이다. 토론은 결론으로 시작한다. 토론의 시작은 자신의 입장을 밝히는 기조연설이다. 기조연설에서 나의 입장은 두괄식으로 밝히는 것이 좋다. "저는 ○○○를 찬성합니다. 왜냐하면 ○○○○기 때문입니다."와 같은 형식이 두괄식으로 나의 입장을 밝히는 표현 방식이다.

둘째, 상대방을 배려하며 반박하는 능력이다. 토론은 논쟁이 아니다. 상대방을 배려하는 말하기가 중요하다. 배려한다고 해서 상대방의 논리적 허점을 공격하는 것을 멈춰서는 안 된다. 이럴 때 필요한 것이 '쿠션 효과'를 고려한 말하기 방식이다. 쿠션 효과는 상대 측의 주장이나 의견을 포용하여 나의 의견을 담아 질문하는 말하기 방식을 가리킨다. 여기서 쿠션이 상대를 배려하는 부분이다. 예를 들면 '○○○의 말씀 잘 들었습니다.'로 시작하거나 '물론 ○○○께서 말씀하신 ○○○도 국민들이 원하는 내용임에는 틀림없습니다. "하지만 ○○○은/는 어떨까요? ○○○도 ○○○ 측면에서 국민들의 호응을 얻을 수 있는 내용이라고 생각하지 않으십니까?"와 같은 표현이 쿠션 효과를 고려한 표현 방법이다.

셋째, 명확한 최종 변론이다. 인간은 처음과 끝을 잘 기억한다. 기조연설에서의 입장을 유지하며, 토론을 통해 얻은 새로운 반론을 포함해 최종 변론을 해야 한다. 만약 토론 시간이 짧을 경우에는 명확한 찬반 대립이 드러나지 않을 수도 있다. 이럴 때는 상대방의 의견도 고려해 효율적인 대책을 기대한다와 같은 표현으로 포용적인 최종 변론을 하는 것이 좋다.

1	출처: 유시민(2015), 『유시민의 글쓰기 특강』, 서울: 생각의 길, 21~23면.
2	출처: '동국대학교 파라미타칼리지 글쓰기교재개발위원회(2014), 『글쓰기 2』, 2. 주장하는 글'에서 발췌 및 수정.
3	출처: 마뜰(2012.05.19.), 〈지능보다는 감성과 이성〉, 다음 카페 '어둠 속에 갇힌 불꽃' 게시 글 중 발췌, http://cafe.daum.net/bulkot/20k/22283?docid=AqeX120k122283
4	토마스 홉스, 『리바이어던』에서 발췌 및 수정.
5	출처: 장기표(1997.03.29.), 중앙일보에서 발췌.
6	출처: '동국대학교 파라미타칼리지 글쓰기교재개발위원회(2014), 『글쓰기 2』, 2. 주장하는 글'에서 발췌 및 수정.
7	출처: 신윤복(2014), 『강의 - 나의 동양고전 독법』, 돌베개, 24~25면에서 발췌 및 수정.
8	출처: '동국대학교 파라미타칼리지 글쓰기교재개발위원회(2014), 『글쓰기 2』, 2. 주장하는 글 예시.
9	출처: 배장수(2012), 일부 수정.
10	출처: 이종도(2005.12.27), "〈왕의 남자〉-기존의 사관을 뒤집어 보는 낯선 시도-",《씨네21》, http://www.cine21.com/news/view/?mag_id=35645에서 발췌 및 수정.
11	출처: '동국대학교 파라미타칼리지 글쓰기교재개발위원회(2014), 『글쓰기 2』, 2. 주장하는 글 예시.
12	출처: '동국대학교 파라미타칼리지 글쓰기교재개발위원회(2014), 『글쓰기 2』, 2. 주장하는 글 예시.
13	출처: '동국대학교 파라미타칼리지 글쓰기교재개발위원회(2014), 『글쓰기 2』, 2. 주장하는 글 중 학생 글.
14	출처: 송의선(2010), 「도덕 교과를 통한 토론·논술 연계 지도 방안」, 10~12면 참고.
15	출처: http://blog.naver.com/PostView.nhn?blogId=bbbb930&logNo=220706345853

[참고 문헌]

강현규 외(2013), 『뽑고 싶어 안달나게 하는 프레젠테이션 토론 면접법(개정판)』, 나비의 활주로.
김돈 외(2013), 『대학 글쓰기와 커뮤니케이션』, 아카넷.
김연수(2009), 「네가 누구든, 얼마나 외롭든」, 『세계의 끝 여자친구』, 문학동네.
김현진·윤영식·신재한(2013), 『창의인성교육을 위한 토의·토론교육의 이해와 실제』, 한국학술정보.
노희경(2012), 『그들이 사는 세상』, 북로그컴퍼니.
동국대학교 파라미타칼리지 글쓰기교재개발위원회(2014), 『글쓰기 2』, 동국대학교출판부.
박완서(2008), 「마흔아홉 살」, 『친절한 복희씨』, 문학과지성사.
박영규(2014), 『한 권으로 읽는 조선왕조실록』, 웅진지식하우스.
베르나르 베르베르 지음, 이세욱·임호경 옮김(2011), 『베르나르 베르베르의 상상력 사전』, 열린책들.
서정주(2002), 〈자화상〉, 『서정주 시집』, 범우문고 46, 범우사.
신윤복(2014), 『강의 – 나의 동양고전 독법』, 돌베개.
아서 코난 도일 지음, 박상은 옮김(2012), 「너도밤나무집」, 『셜록 홈즈의 모험』, 문예춘추사.
안미애(2015), 소통을 위한 글쓰기, 『수필미학』, 수필미학사.
애거서 크리스티 저, 유명우 역(2001), 『오리엔트 특급 살인』, 해문.
유시민(2015), 『유시민의 글쓰기 특강』, 생각의 길.
정도언(2014), 『프로이트의 의자』, 웅진지식하우스.
정수복(2007), 『한국인의 문화적 문법』, 생각의나무.
정유정(2015), 『7년의 밤』, 은행나무.
정재승·진중권(2011), 『크로스』, 웅진지식하우스.
제레미 다이아몬드 저, 김진준 역(2005), 『총, 균, 쇠』, 문학사상사.
조 스프라그 저, 이창덕 옮김(2008), 『발표와 연설의 핵심 기법』, 박이정.
존M.에릭슨 외 저, 서종기 옮김(2014), 『디베이트 가이드』, 길벗.
진 젤라즈니 저, 안진환 옮김(2006), 『맥킨지, 발표의 기술』, 스마트비즈니스.
최형용 외(2009), 『열린 세상을 향한 발표와 토론』, 박이정.
토마스 홉스 저, 최진원 역(2009), 『리바이어던』, 동서문화사 월드북 72, 동서문화동판.
티모시 케이글 저, 김경태 옮김(2011), 『엑설런트 프레젠터를 위한 프레젠테이션 발표의 기술』, 멘토르.
하인츠 골트만 저, 윤진희 옮김(2006), 『말하기의 정석』, 리더북스.
한국학중앙연구원, 『한국민족문화대백과』, "성년의 날"
　　http://terms.naver.com/entry.nhn?docId=575482&cid=46625&categoryId=46625
성재민, "글쓰기의 즐거움: 생각 정리의 기술",
　　http://changeon.org/index.php?mid=knowledge&search_target=nick_name&search_keyword=socialplay&document_srl=145679, 2012.12.11.
이종도, 《씨네21》, "〈왕의 남자〉-기존의 사관을 뒤집어 보는 낯선 시도",
　　http://www.cine21.com/news/view/?mag_id=35645, 2005.12.27.
마뜰(2012.05.19.), "지능보다는 감성과 이성",
　　http://cafe.daum.net/bulkot/20k/22283?docid=AqeXl20kl22283, 2012.05.19.
워니 글, 심윤수 그림(2005.12.12.), "우월한 자", 〈골방환상곡〉 8화, 네이버 웹툰,
　　http://comic.naver.com/webtoon/detail.nhn?titleId=15441&no=9&weekday=sun
요미(2016), 안락사 찬성과 반대,
　　http://blog.naver.com/PostView.nhn?blogId=bbbb930&logNo=220706345853
정만택(드림빌더), 나를 있게 한 세 가지, 세상을 바꾸는 시간, 15분. CBS 방송.
서울시청 홈페이지(http://www.seoul.go.kr/)
경주시청 홈페이지(http://www.gyeongju.go.kr)
문화재청 홈페이지(http://www.cha.go.kr)
부산국제영화제 홈페이지(http://www.biff.kr/)

부록

1. 글쓰기 윤리 서약서
2. 장르/ 표현/ 표기 점검표

[부록 1] 글쓰기 윤리 서약서

글쓰기 윤리 서약서

1. 나(우리)는 보고서(과제물)의 내용을 스스로 연구하여 작성하였다. ⋯⋯⋯⋯⋯☐
2. 참조·인용한 자료(책·논문·인터넷 자료)의 출처를 정확하게 제시하였다. ⋯⋯⋯☐
3. 과제물에 사용한 도표나 데이터를 조작(위조·변조)하지 않았다. ⋯⋯⋯⋯⋯☐
4. 공동 과제 수행에 참여하지 않은 사람을 제출자에 포함시키지 않았다. ⋯⋯⋯☐
5. 이 과제와 동일한 내용을 다른 과목의 과제물로 제출하지 않았다. ⋯⋯⋯⋯⋯☐

나(우리)는 〈동국대학교 글쓰기 윤리 규정〉을 준수할 것을 서약합니다.

학 과 _____

학 번 _____

이 름 _____ (서명)

[부록 2] 장르/ 표현/ 표기 점검표

▌설명을 위한 글 점검표

분류	점검할 항목	√
대상	설명의 대상이 글에서 충분히 표현되었는가?	
표현	대상을 효과적으로 표현할 수 있는 설명의 방법을 사용하였는가?	
독자	독자의 상황과 이해도를 고려해 대상을 설명하였는가?	
자료	설명하고자 하는 대상에 대한 자료를 충실히 준비하였는가?	
장르	설명하는 글의 장르적 특성을 고려하여 집필하였는가?	

▌설득을 위한 글 점검표

분류	점검할 항목	√
주장	글의 주제와 설득의 목적이 글에서 분명히 드러나는가?	
근거	주장에 대해 논증의 양이 충분하고 논리적인가?	
독자	독자의 상황과 이해도를 고려해 설득을 전개하였는가?	
장르	설득하는 글의 장르적 특성을 고려하여 집필하였는가?	

▌장르 공통 점검표

분류	점검할 항목	√
주제/목적	글의 주제와 목적이 글 속에서 분명하게 드러나는가?	
구성	글의 목적에 맞게 적절한 구성을 사용하였는가?	
분량	글의 분량은 목적을 달성하기에 적절한 분량으로 집필되었는가?	
	문단의 분량은 문단 간 균형을 고려해 집필되었는가?	
표현	어문규범을 준수하여 정확한 표현을 사용하였는가?	
	독자와 문맥을 고려해 적확한 표현을 사용하였는가?	
조건	과제의 조건을 지켜서 집필하였는가?	
	과제의 요구 분량을 지켜서 집필하였는가?	
통일성	글은 주제문을 고려하여 기술하였는가?	
	문단은 중심 문장을 고려하여 기술하였는가?	
	하나의 문체로 기술하였는가?	
긴밀성	문단과 문단 간은 내용적/ 형식적으로 긴밀한가?	
	문장과 문장 간은 내용적/ 형식적으로 긴밀한가?	
완결성	글은 하나의 주제를 충분히 설명하여 완결된 느낌을 주는가?	
	문단은 하나의 중심문장을 충분히 설명하여 완결된 느낌을 주는가?	
신뢰성	자료의 출처를 정확하게 표기해 인용하였는가?	
	출처가 분명한 자료만 이용하였는가?	
	설득하는 글의 장르적 특성을 고려하여 집필하였는가?	

▌표기와 표현 점검표

분류	점검할 항목	√
어휘	의도에 맞고 적확한 어휘를 사용하였는가?	
표기	어문규범을 고려하여 정확하게 표기하였는가?	
표현	한 문장은 하나의 화제만 담고 있는가?	
표현	중의적으로 이해되는 문장은 없는가?	
표현	조사와 어미가 적절하게 쓰였는가?	
표현	번역어 투가 쓰이지는 않았는가?	
표현	피동, 사동 표현을 적절하게 사용하였는가?	
표현	명사의 연결이 과도하지 않은가?	
표현	시제가 적절하게 호응되었는가?	
구성	국어의 문장 구조에 맞게 문장을 구성하였는가?	
구성	문장의 필수 성분(주어, 목적어, 서술어 등)이 생략되지 않았는가?	
구성	문장 성분 간의 호응이 적절한가?(주어-서술어, 부사어-서술어, 목적어-서술어 등)	
구성	수식 관계가 적절하게 구성되었는가?	
구성	관형어가 반복되어 사용되지 않았는가? (예) 예쁜 좋은 집	
구성	문장 성분 간의 연결은 대등한가?	
간결성	한 문장의 길이는 이해하기에 적절한 길이인가?	
간결성	한 문장 안에 접속 구조가 2개 이상 반복되지는 않았는가?